完善就业政策体系

黄燕芬　杨宜勇　著

中国言实出版社

图书在版编目(CIP)数据

完善就业政策体系 / 黄燕芬，杨宜勇著. -- 北京：
中国言实出版社，2024.12. -- （高质量发展文库）.
ISBN 978-7-5171-4990-3

Ⅰ. F249.20

中国国家版本馆CIP数据核字第202503CK42号

完善就业政策体系

责任编辑：郭江妮
责任校对：王建玲

出版发行：中国言实出版社
　　　　　地　　址：北京市朝阳区北苑路180号加利大厦5号楼105室
　　　　　邮　　编：100101
　　　　　编辑部：北京市海淀区花园北路35号院9号楼302室
　　　　　邮　　编：100083
　　　　　电　　话：010-64924853（总编室）　010-64924716（发行部）
　　　　　网　　址：www.zgyscbs.cn　　电子邮箱：zgyscbs@263.net

经　　销：新华书店
印　　刷：徐州绪权印刷有限公司
版　　次：2025年2月第1版　　2025年2月第1次印刷
规　　格：710毫米×1000毫米　　1/16　　16.5印张
字　　数：220千字

定　　价：78.00元
书　　号：ISBN 978-7-5171-4990-3

前　言

　　就业事关人民群众切身利益，事关经济社会健康发展，事关国家长治久安。党的十八大以来，以习近平同志为核心的党中央坚持把就业作为最基本的民生，实施就业优先战略，丰富发展积极的就业政策，不断完善相关制度体系。

　　2024年5月27日下午，中共中央政治局就促进高质量充分就业进行第十四次集体学习。习近平总书记在主持学习时强调，促进高质量充分就业，是新时代新征程就业工作的新定位、新使命。要坚持以人民为中心的发展思想，全面贯彻劳动者自主就业、市场调节就业、政府促进就业和鼓励创业的方针，持续促进就业质的有效提升和量的合理增长，不断增强广大劳动者的获得感幸福感安全感，为以中国式现代化全面推进强国建设、民族复兴伟业提供有力支撑。党的二十届三中全会审议通过的《中共中央关于进一步全面深化改革、推进中国式现代化的决定》主要内容60条，其中第43条就是"完善就业优先政策"，并就健全高质量充分就业促进机制、完善就业公共服务体系等作出明确部署。

　　完善就业政策体系具有重要意义，可以从以下方面去把握：

　　1.完善就业政策体系有利于筑牢民生之基，巩固社会稳定之锚。就业政策犹如一座坚实的桥梁，连接着每一位劳动者的梦想与现实。它不仅是民生福祉的基石，更是社会稳定的重要锚点。正如一艘航行在波涛汹涌大海上的巨轮，稳定的就业政策就是它的压舱石，让每一个家庭都能在风浪中稳住阵脚，安心前行。当失业率得到有效控制，劳动者能够找到适合自己的工作岗位，社会的和谐与稳定就有了坚实的基础。

2.完善就业政策体系也是推动经济发展的引擎。在经济发展的长河中，就业政策是推动经济持续增长的重要引擎。通过优化人力资源配置，引导劳动力向高附加值、高技术含量的产业流动，就业政策不仅提升了劳动力的整体素质和技能水平，还促进了产业结构的升级和转型。这种良性循环，让经济之树更加枝繁叶茂，果实累累。

3.完善就业政策体系可以开启创新与活力的源泉。就业政策还是激发社会创新与活力的源泉。它鼓励创业，支持中小企业发展，为有志之士提供了广阔的舞台和无限的可能。在这个舞台上，每一个创意都可能点燃新的火花，每一个努力都可能开创出一片新天地。这种创新与活力，是推动社会进步和经济发展的不竭动力。

4.完善就业政策体系有利于个人价值与梦想的实现。对于每一位劳动者而言，就业政策是实现个人价值与梦想的桥梁。它让每一个人都有机会通过勤奋劳动实现自身价值，追求更加美好的生活。当劳动者在适合自己的岗位上发光发热时，他们的自信心和幸福感也会油然而生。这种个人价值的实现和梦想的成真，正是就业政策赋予每个人的宝贵财富。

综上所述，完善就业政策体系的重要性不言而喻。我们有理由相信：随着就业政策的不断完善和优化，我们的社会将更加和谐稳定、经济将更加繁荣昌盛、人民的生活将更加幸福美满！

本书是研究阐释党的二十大精神国家社科基金重大项目《新型城镇化进程中增强公共服务均衡性和可及性关键问题研究》（23ZDA096）的

阶段性成果。完善就业政策体系与增强公共服务均衡性和可及性之间存在着紧密的联系和相互促进的关系。

就业是民生之本，完善就业政策体系是实现更加充分更高质量就业的前提，直接关系到人民群众的生计和福祉。就业政策与经济发展密切相关，通过促进就业可以拉动经济增长，同时经济增长也能为就业创造更多机会。稳定的就业环境有助于减少社会矛盾和冲突，维护社会稳定和谐。

而公共服务是保障和改善民生的重要方式，增强均衡性和可及性能够确保公共服务更加公平、有效地覆盖全体人民。通过优化公共服务资源配置，可以缩小区域间、城乡间公共服务差距，推动区域协调发展。公共服务与人民群众的生活息息相关，增强均衡性和可及性能够显著提升人民群众的满意度和幸福感。

两者相互促进。完善的就业政策体系能够保障人民群众的就业权益，提高就业质量和稳定性，从而增加人民群众的收入来源和支付能力，为享受更高水平的公共服务提供基础。增强公共服务的均衡性和可及性，能够为失业人员和就业困难群体提供更多的就业培训和职业指导服务，帮助他们提升就业能力和竞争力，更好地适应市场需求。

两者的目标一致。两者都致力于提高人民群众的生活水平和幸福感。完善就业政策体系旨在通过促进就业来保障和改善民生；而增强公共服务均衡性和可及性则是通过提供更加公平、有效的公共服务来满足人民群众的基本需求。

两者可以政策协同。在实践中，完善就业政策体系和增强公共服务均衡性、可及性需要政策协同和部门联动。例如，在推进就业优先政策时，需要人力资源和社会保障部门、教育部门、财政部门等多个部门的共同努力；而在增强公共服务均衡性和可及性时，也需要政府、市场、社会等多方面的协同合作。

总而言之，完善就业政策体系是一项长期而艰巨的任务。我们需要以习近平新时代中国特色社会主义思想为指导，深入贯彻新发展理念，坚持稳中求进工作总基调，以更加务实的态度和更加有力的措施推动就业工作不断取得新的成效。我们期待通过本书的探讨和交流，为推动我国就业政策体系的完善贡献一份力量，能够汇聚更多智慧和力量，共同推动我国就业事业蓬勃发展。

黄燕芬　杨宜勇

2024 年 8 月 1 日

目　录

第一章　加快建构中国就业理论体系

2024 年 5 月 27 日下午，中共中央政治局就促进高质量充分就业进行第十四次集体学习。习近平总书记指出，各级党委和政府要把就业当作民生头等大事来抓，加强组织领导，健全制度机制，增强工作合力。要加快建构中国就业理论体系，有效提升我国在就业领域的国际话语权和影响力。

第一节　建构中国就业理论体系要以习近平新时代中国特色社会主义思想为指导

中国就业理论体系作为一个综合性的理论体系，旨在指导中国的就业实践，提升就业工作的质量和效率，并促进高质量充分就业。这一理论体系的形成和发展，充分体现了中国在新时代对就业工作规律的深刻认识和实践经验的总结。

建构中国就业理论体系必须以习近平新时代中国特色社会主义思想为指导。习近平新时代中国特色社会主义思想是当代中国马克思主义、二十一世纪马克思主义，是中华文化和中国精神的时代精华，实现了马克思主义中国化时代化新的飞跃。这一重要思想不仅推动了中国就业理论体系的丰富和发展，而且为解决就业问题指明了方向。

一、坚持中国共产党的领导对中国就业理论体系建构的影响

坚持中国共产党的领导对中国就业理论体系的建构具有深远的影响。首先，党的领导确保了就业工作的正确方向。党对新时代就业工作规律的深刻认识和积累的宝贵经验，为中国就业理论体系的发展提供了重要的指导和支撑。这些经验和做法不仅有效指导了中国的就业实践，也对世界就业问题的解决具有重要的指导意义。其次，党的领导推动了高质量充分就业的实现。党始终将促进高质量充分就业作为满足人民对美好生活需要的根本着力点，并为此制定了一系列战略和政策。这为中国就业理论体系的发展提供了坚实的基础。最后，党的领导还促进了就业理论的创新和发展。随着时代的变化和就业市场的演变，党不断适应新形势新任务的要求，推动就业理论的创新和完善。为中国就业理论体系的发展注入了新的活力和动力，使其更加符合时代发展的需求和特点。

二、坚持以人民为中心对中国就业理论体系建构的影响

坚持以人民为中心对中国就业理论体系建构的影响主要体现在以下几个方面：首先，坚持以人民为中心的发展思想，将人民的利益放在首位，这直接影响到就业政策的制定和实施。在中国就业理论体系的建构过程中，这一思想强调了就业工作的重要性，将其视为满足人民对美好生活需要的重要途径。因此，在建构就业理论体系时，会更加注重劳动者的权益保障、职业发展以及收入水平等方面的提升，从而确保劳动者能够分享到经济社会发展的成果。其次，坚持以人民为中心的发展思想，有助于推动高质量充分就业的实现。这意味着不仅要创造足够的就业机会，还要关注就业的质量问题。通过提高劳动者的技能水平、优化就业环境、完善就业服务体系等措施，实现更高质量的就业，进一步满足人民群众对美好生活的向往。最后，坚持以人民为中心的发展思想，还有助于增强中国就业理论体系的

国际影响力。随着中国经济的不断发展，中国的就业实践和经验对于其他国家也具有重要的借鉴意义。通过建构具有中国特色的就业理论体系，可以为中国及世界其他国家的就业问题解决提供有益的参考和启示。

三、坚持全面深化改革对中国就业理论体系建构的影响

坚持全面深化改革对中国就业理论体系的建构具有深远的影响。首先，全面深化改革有助于打破束缚就业发展的体制性壁垒与机制性障碍，探索并实践适应新时代经济社会发展的就业新路径。这为我国就业市场的健康发展提供了有力的制度保障，也为实现高质量充分就业创造了有利条件。其次，通过全面深化改革，可以强化劳动者自主就业能力，发挥市场调节就业的关键性作用，加大政府促进就业的扶持力度，激发全社会创新创业活力。这些措施有助于构建健康有序的就业生态体系，推动我国就业工作的深入发展。此外，全面深化改革还能推动我国经济转型与产业升级，为就业市场带来新的增长点。随着经济的不断发展，新的产业、新的职业将会不断涌现，为劳动者提供更多的就业机会和发展空间。

四、坚持全面依法治国对中国就业理论体系建构的影响

坚持全面依法治国对中国就业理论体系的建构具有深远的影响。首先，全面依法治国要求政府在就业工作中的决策和行为必须严格遵守法律法规，确保劳动者的合法权益得到保障。这有助于规范政府行为，提高政府决策的透明度和公正性，从而增强劳动者对政府的信任和支持。其次，全面依法治国有助于完善就业法律体系，为劳动者提供更加全面、有力的法律保障。通过制定和实施相关法律法规，可以明确劳动者的权利和义务，规范用人单位的行为，维护良好的劳动关系，促进和谐劳动关系的构建。此外，全面依法治国还能推动就业市场的公平竞争和良性发展。在法治的框架下，所有参与者都必须遵守规则，这有助于打破行业壁垒和不正当竞争行为，

为劳动者创造更加公平的就业机会和发展空间。最后，全面依法治国还有助于提升全社会的法治意识和法律素养，形成尊法学法守法用法的良好氛围。这将有助于提高劳动者的法律意识和自我保护能力，使他们能够更好地利用法律武器维护自己的合法权益。

五、坚持新发展理念对中国就业理论体系建构的影响

新发展理念是管根本、管全局、管长远的指导理论和实践指南，它集中反映了党对我国经济社会发展规律的新认识，对中国就业理论体系的建构具有深远的影响。首先，创新是引领发展的第一动力，对于促进经济增长和产业升级具有重要作用。通过创新驱动发展，可以不断催生新技术、新产业、新业态，为经济增长提供新的动力源泉，从而创造更多的就业机会和岗位。这有助于扩大就业容量，提高就业质量，推动实现高质量充分就业。其次，协调是持续健康发展的内在要求，对于优化经济结构、增强经济发展的协调性具有重要意义。通过协调发展，可以促进城乡区域协调发展，推动产业结构优化升级，实现经济社会的均衡发展。这将有助于缩小地区和行业之间的就业差距，促进劳动力资源的合理配置，提高整体就业水平。第三，绿色是永续发展的必要条件和人民对美好生活追求的重要体现，对于推动经济社会可持续发展具有重要作用。在绿色发展过程中，需要大力培育和发展节能环保产业、清洁生产产业等绿色经济产业，这将为劳动者提供更多的绿色就业机会和岗位，推动实现绿色就业。第四，开放是国家繁荣发展的必由之路，对于推动我国经济与世界经济深度融合、提升我国经济的国际竞争力具有重要意义。通过开放发展，可以拓展我国经济的国际空间，提高我国经济的国际化水平，从而为国内劳动者提供更多的涉外就业机会和国际化的职业发展平台。最后，共享是指坚持以人民为中心的发展思想，实现社会公平正义，逐步实现共同富裕。

六、推动构建人类命运共同体对中国就业理论体系建构的影响

推动构建人类命运共同体对中国就业理论体系的建构具有深远的影响。以下是一些具体的影响方面：一是有利于拓展就业机会。随着全球化的深入发展，各国之间的经济联系日益紧密。推动构建人类命运共同体促进了国际合作与交流，为劳动者提供了更多的就业机会和岗位。通过参与国际项目和合作，中国企业和机构能够拓展海外市场，增加对劳动力的需求，从而为更多的人创造就业机会。二是有利于提升就业质量。在构建人类命运共同体的过程中，强调平等、互利、共赢的原则，这有助于改善劳动者的就业环境和待遇。同时，通过与国际社会的交流与合作，可以提升劳动者的技能和素质，提高他们的就业竞争力和收入水平。这些因素都有助于提升就业的整体质量和劳动者的获得感。三是有利于促进就业政策创新。在推动构建人类命运共同体的背景下，中国政府需要不断创新和完善就业政策，以适应全球化的发展趋势。这可能包括加强与国际组织的合作、推动职业技能培训的国际认证、建立跨国就业服务平台等。这些政策创新将为中国就业理论体系注入新的活力和动力，推动其不断完善和发展。四是有利于增强国际竞争力，构建人类命运共同体有助于提升中国在就业领域的国际竞争力。通过与国际社会的交流与合作，可以学习借鉴其他国家的先进经验和做法，提升自身的就业管理和服务水平。同时，这也将促进中国与世界各国在就业领域的互利共赢，共同推动全球经济的繁荣与发展。

第二节　中国就业理论体系建构深受
习近平经济思想的影响

习近平经济思想是习近平新时代中国特色社会主义思想的重要组成部分，是马克思主义政治经济学在当代中国、21世纪世界的最新理论成果，是我国经济高质量发展、全面建设社会主义现代化国家的科学指南。习近平经济思想体系严整、内涵丰富、博大精深，对中国就业理论体系的建构有着根本性影响。以下试着从习近平经济思想中有关经济发展阶段论、理念论、动力论、格局论、保障论角度，去理解把握这一根本性影响。

一、经济发展阶段论对中国就业理论体系建构的影响

习近平经济思想中有关经济发展阶段论对中国就业理论体系的建构产生了深远的影响。我国经济已由高速增长阶段转向高质量发展阶段，这要求建立与之相适应的就业体系。首先，在高质量发展阶段，经济结构调整和产业升级将成为推动就业增长的重要动力。这要求中国就业理论体系必须与时俱进，适应经济社会发展的新变化，推动就业结构与产业结构相匹配，促进劳动者实现高质量充分就业。其次，在高质量发展阶段，比以往任何时候都更加需要增强创新这个第一动力，创新也是提升就业质量的重要途径。因此，中国就业理论体系需要注重培养劳动者的创新意识和创新能力，提高他们的就业竞争力和适应能力。最后，高质量发展就是能够很好满足人民如意增长的美好生活需要的发展。在就业领域，这意味着要关注劳动者的权益保障和发展需求，推动实现更加公平、更加充分的就业。这也为中国就业理论体系提供了新的发展方向和价值取向。

二、经济发展理念论对中国就业理论体系建构的影响

习近平经济思想中有关经济发展理念对中国就业理论体系的建构产生了深远影响。新发展理念强调创新、协调、绿色、开放、共享，这些理念不仅引领了我国经济的发展方向，也为中国就业理论体系提供了新的视角和思路。主要体现在以下几个方面：在创新发展方面，鼓励技术创新、管理创新等各方面的创新活动，这为中国就业理论体系注入了新的活力和动力，推动了就业市场的多元化和灵活性。在协调发展方面，它注重城乡、区域、经济社会等的协调发展，这有助于优化就业结构，促进劳动力资源的合理配置。在绿色发展方面，它强调经济发展和环境保护的协调性，推动绿色产业的发展，进而带动绿色就业的增长。在开放发展方面，坚持对外开放的基本国策，积极参与全球经济治理和公共产品供给，这有助于提高中国的国际竞争力，同时也为劳动者提供了更多的就业机会和空间。最后，在共享发展方面，它强调社会公平正义，注重让全体人民共享改革发展的成果，这有助于提高劳动者的收入水平和生活质量，进一步激发他们的积极性和创造力。

三、经济发展动力论对中国就业理论体系建构的影响

习近平经济思想中有关经济发展动力论对中国就业理论体系的建构产生了深远的影响。这一理论强调了经济发展内生动力和外在动力的协同作用，推动了经济的持续健康发展，从而为就业提供了更广阔的空间和更多的机会。首先，习近平经济发展动力论指出，中国经济仍具有强劲的内生动力，这意味着中国经济能够自我驱动、持续发展。这种内生动力不仅来源于改革开放的深入进行和经济结构的不断优化，还得益于创新、协调、绿色、开放、共享的新发展理念的引领。这些理念的实施，促进了产业升级和高质量发展，为劳动者提供了更多高质量的就业机会。其次，供给侧

结构性改革、构建开放型经济新体制等,这些措施有助于解决经济中的深层次问题,提高对外开放水平,实现经济的内外联动效应,进一步推动了中国经济的增长,也为就业市场的繁荣注入了新的活力。

四、经济发展格局论对中国就业理论体系建构的影响

习近平经济思想中有关经济发展格局论对中国就业理论体系的发展产生了深远影响。首先,新发展格局强调经济循环的畅通无阻,这要求生产、分配、交换、消费各个环节能够有机衔接,实现循环流转。这种对经济循环的重视,促使中国就业理论体系更加注重与实际经济发展的紧密联系,更好地服务于经济社会的动态循环系统。其次,新发展格局的实现需要高水平的自立自强,这体现在科技领域的自主创新上。这一要求促使中国就业理论体系更加关注科技创新和人才培养,推动形成更多具有自主知识产权的核心技术和创新成果,从而提升我国经济的竞争力和发展潜力。最后,新发展格局的构建还需要更深层次改革和更高水平开放的支持。这意味着要进一步深化改革开放,打破体制机制障碍,优化就业环境,吸引和培养更多优秀人才投身经济建设。同时,也要积极参与全球经济治理和合作,拓展外部发展空间,为我国劳动者提供更多更好的就业机会。

综上所述,习近平经济思想中有关经济发展格局论为中国就业理论体系提供了新的发展思路和方向,推动了其与经济社会发展的深度融合,促进了就业质量的提升和劳动者权益的保障。

五、经济发展保障论对中国就业理论体系建构的影响

习近平经济思想中有关经济发展保障论重点是要统筹好发展与安全,这对中国就业理论体系的发展产生了深远的影响。以下是一些主要影响:首先,强化了就业优先的政策导向。在统筹发展和安全的大背景下,更加重视稳定和扩大就业,将就业作为经济社会发展的优先目标。这为中国就

业理论体系注入了新的内涵，强调了政府在促进就业方面的责任和作用。其次，促进了就业结构的优化。随着经济的发展和产业结构的调整，就业结构也在不断优化。这要求中国就业理论体系更加注重与市场需求的对接，培养更多适应经济社会发展需要的高素质劳动力。第三，增强了就业安全保障。在统筹发展和安全的过程中，更加注重保障劳动者的权益和安全。这包括完善劳动法律法规、加强劳动监察和执法力度、提高劳动者权益保护水平等。这些措施为中国就业理论体系提供了更加坚实的法律保障和制度支持。

第三节　中国就业理论体系的实践来源

就业是最基本的民生，事关人民群众切身利益，事关经济社会健康发展，事关国家长治久安。新中国成立以来，我们党始终高度重视就业工作，特别是党的十八大以来，党中央坚持把就业工作摆在治国理政的突出位置，强化就业优先政策，健全就业促进机制，有效应对各种压力挑战，城镇新增就业年均 1300 万人，为民生改善和经济发展提供了重要支撑。在实践中不断深化对新时代就业工作规律的认识，积累了许多经验。主要包括：坚持把就业作为民生之本；坚持实施就业优先战略；坚持依靠发展促进就业；坚持扩大就业容量和提升就业质量相结合；坚持突出抓好重点群体就业；坚持创业带动就业；坚持营造公平就业环境；坚持构建和谐劳动关系，等等。这些经验十分宝贵，要长期坚持并不断丰富发展。本节简单梳理和总结了党始终高度重视就业工作的历史脉络、主要做法、显著成效。

一、历史脉络

社会主义的建设时期就业工作的探索与实践。在新中国成立初期，面对百废待兴的局面，党领导人民迅速恢复和发展生产，努力解决就业问题。通过实行"统包统配"的就业制度，有效保障了广大劳动者的基本生活。

改革开放和社会主义现代化建设新时期就业工作的创新与发展。改革开放后，随着社会主义市场经济体制的建立和完善，党不断创新就业政策，推动就业工作向市场化、社会化方向转变。通过实施"三结合"方针（即国家统分与个人自谋职业相结合、市场导向与政府调控相结合、职业培训与就业服务相结合），有效促进了劳动力资源的合理配置和充分就业。

中国特色社会主义新时代的高质量就业导向。党的十八大以来，以习近平同志为核心的党中央站在新的历史起点上，深入实施就业优先战略和积极就业政策，推动实现更高质量和更充分的就业。通过深化供给侧结构性改革、推动产业转型升级、加强职业教育和技能培训等措施，不断拓宽就业渠道、提升就业质量。

二、主要做法

一是强化政策引领。中共中央、国务院多次出台促进就业的政策措施，明确将就业工作纳入国家宏观调控体系，确保就业优先战略得到有效落实。二是优化就业服务。建立健全公共就业服务体系，加强就业服务信息化建设，提供便捷高效的就业服务。同时，鼓励社会力量参与就业服务，形成多元化、多层次的服务格局。三是加强职业培训。大力推行职业教育和技能培训，提高劳动者的技能水平和就业竞争力。通过实施职业技能提升行动、加强校企合作等措施，推动职业培训与产业发展紧密结合。四是支持创业带动就业。放宽市场准入限制，简化创业手续，加大创业扶持力度。通过提供创业担保贷款、税收优惠等政策支持，鼓励劳动者自主创业和灵活就业。五是关注重点群体。针对高校毕业生、农民工、就业困难人员等重点群体，制定专门的就业扶持政策，确保他们能够实现稳定就业。六是注重劳动关系和谐。通过完善劳动法律法规来规范劳动关系，保障劳动者和用人单位的合法权益。例如，《中华人民共和国劳动合同法》《中华人民共和国劳动法》等法律的实施，为构建和谐劳动关系提供了法治保障。七是关注新就业形态。针对新就业形态，如平台经济、共享经济等，探索适应其特点的劳动关系协调机制，保障新型劳动者的权益。

三、成就显著

一是就业规模持续扩大。我国城镇新增就业人数连续多年保持在 1300 万人以上，就业总量不断增加。二是就业结构不断优化。服务业成为吸纳就业的主要渠道，制造业就业比重逐渐下降。同时，高技能、高薪酬的就业岗位逐渐增多，就业质量不断提升。三是创业活力显著增强。随着创业环境的不断优化和创业扶持政策的不断完善，越来越多的劳动者选择自主创业和灵活就业。四是重点群体就业保障有力。通过实施一系列专项行动和政策措施，有效保障了高校毕业生、农民工等重点群体的就业权益。

第四节 中国就业理论体系的重点

一、两大核心内容

我们认为，中国就业理论体系有两大核心内容。

1. 以人民为中心的就业理论

中国就业理论体系毫不动摇地坚持以人民为中心的发展思想，把促进就业作为保障和改善民生的头等大事，努力实现更高质量和更充分的就业。以人民为中心的就业理论研究，主要关注的是如何在就业工作中体现和贯彻以人民为中心的发展思想，确保就业政策和实践能够更好地满足人民对美好生活的需要。这一理论研究涵盖了多个方面，以下是对其主要内容的归纳：

一是核心理念突出。以人民为中心的就业理论研究，其核心在于将人民置于就业工作的中心地位，把人民的就业需求、就业权益和就业质量作为工作的出发点和落脚点。这一理念体现了党全心全意为人民服务的宗旨和社会主义制度的优越性。

二是主要内容科学。坚持就业优先战略，将就业工作放在经济社会发展的优先位置，通过制定和实施积极的就业政策，确保就业形势总体稳定，为经济社会发展提供有力支撑。不断扩大就业容量，努力通过发展经济、促进产业升级和结构调整，创造更多就业岗位，特别是高质量就业岗位，满足人民多样化的就业需求。着力提高就业质量，关注劳动者的就业环境和工作条件，推动构建和谐的劳动关系，提高劳动者的劳动报酬和福利待遇，增强劳动者的获得感、幸福感和安全感。努力解决就业结构性矛盾，针对就业市场中的结构性矛盾，加强职业培训和教育，提高劳动者的技能水平和就业竞争力，促进人力资源的合理配置。保障重点群体就业，加大对高校毕业生、农民工、就业困难人员等重点群体的就业扶持力度，确保他们能够获得公平的就业机会和待遇。加强国际合作与交流，在全球化背景下，加强与国际社会在就业领域的合作与交流，借鉴国际先进经验和技术手段，提升我国就业工作的国际化水平和影响力。

三是实践路径清晰。适时根据就业形势的变化和人民就业需求的变化，不断创新就业政策，确保政策的针对性和有效性。聚焦服务优化，加强公共就业服务体系建设，提高服务质量和效率，为劳动者提供更加便捷、高效的就业服务。强调市场调节，充分发挥市场在资源配置中的决定性作用，鼓励和支持各类市场主体积极参与就业工作，推动形成多元化的就业格局。注重社会协同，加强政府、企业、社会组织和劳动者之间的协同合作，形成全社会共同关心、支持和参与就业工作的良好氛围。

总而言之，以人民为中心的就业理论研究和实践，对于促进经济社会持续健康发展、保障和改善民生、实现人的全面自由发展具有重要意义。它不仅有助于解决当前的就业问题，还能够为未来的就业工作提供有益的指导和借鉴。同时，这一理念和实践也充分体现了中国特色社会主义制度的优越性和党的执政理念。

2.高质量充分就业理论

高质量充分就业理论研究也是一个综合性的研究领域，它旨在探讨如何实现就业的数量增长与质量提升并重的目标。以下是对高质量充分就业理论研究的主要内容、特点和意义的详细阐述：

一是主要内容科学。丰富了高质量就业的内涵，高质量就业不仅指劳动者能够获得足够的劳动报酬，还包括工作环境的舒适度、工作内容的满意度、职业发展的前景以及劳动权益的保障等多个方面。它强调劳动者在工作中的尊严和价值实现，以及工作与生活的平衡。满足了充分就业的要求，充分就业要求社会为所有有劳动意愿和劳动能力的劳动者提供足够的就业岗位，使他们的劳动权益得到充分保障。这包括降低失业率、提高就业稳定性、减少非自愿失业等方面。强调高质量与充分就业的有机结合。高质量充分就业理论研究强调将高质量就业与充分就业相结合，即在实现充分就业的基础上，进一步提升就业质量。这要求政策制定者和社会各界共同努力，通过优化产业结构、加强职业培训、完善社会保障体系等措施为劳动者创造更多高质量的就业机会。

二是特点鲜明。基于综合性，高质量充分就业理论研究涉及经济学、管理学、社会学、心理学等多个学科领域，需要综合运用各种理论和方法进行研究。基于实践性，该研究紧密关注现实生活中的就业问题，旨在为政策制定者提供科学、可行的建议，推动就业工作的实践创新。基于动态性，随着经济社会的发展和就业形势的变化，高质量充分就业的内涵和要求也会不断发生变化。因此，该研究需要保持高度的敏感性和前瞻性，及时调整研究方向和重点。

三是意义深远。有利于促进经济发展，高质量充分就业是经济发展的重要支撑。通过提高劳动者的素质和技能水平，可以推动产业升级和结构调整，促进经济持续健康发展。有利于保障民生福祉，就业是民生之本。实现高质量充分就业有助于保障劳动者的基本生活需求，提高他们的生活质量和幸福感。有利于推动社会和谐，高质量充分就业有助于减少社会矛盾和冲突，促进社会和谐稳定。通过为劳动者提供公平的就业机会和待遇，可以增强社会的凝聚力和向心力。有利于提升国家竞争力。拥有高素质、高技能的劳动力队伍是提升国家竞争力的重要因素。通过加强职业培训和教育投入，可以培养更多具有创新能力和国际竞争力的人才，为国家的长远发展提供有力支撑。

四是实践路径清晰。强调优化产业结构，推动传统产业转型升级和新兴产业发展壮大，创造更多高质量的就业岗位。重视加强职业培训，建立健全职业培训体系，提高劳动者的技能水平和就业竞争力。注重完善社会保障体系，加强社会保障制度建设，为劳动者提供全面的社会保障服务，降低他们的就业风险。突出促进创新创业，鼓励和支持创新创业活动，为劳动者提供更多的就业机会和创业平台。重视加强国际合作，加强与国际社会在就业领域的合作与交流，借鉴国际先进经验和技术手段，提升我国就业工作的国际化水平和影响力。

综上所述，高质量充分就业理论研究是一个具有重要现实意义和深远历史意义的研究领域。通过深入研究和实践探索，可以为劳动者创造更多高质量的就业机会，推动经济社会持续健康发展。

二、独特之处

中国就业理论体系的独特之处主要体现在以下几个方面：

1.高度重视就业工作。党和政府历来高度重视就业工作，将就业视为民生之本。从党的十六大开始，就业就被纳入宏观调控的四大目标之一，后来更是上升为经济社会发展的优先目标。这种高度重视的态度，为中国就业理论体系的形成奠定了坚实的政治基础。

2. 结合我国实际制定政策。中国就业理论体系是在不断总结我国就业实践经验的基础上形成的，具有鲜明的我国特色。例如，面对国有企业下岗失业人员再就业问题，我国采取了一系列积极的就业政策，包括开发公益性岗位、发放小额贷款、提供社保补贴等，有效解决了这一历史遗留问题。这些政策措施不仅符合我国国情，也体现了我们党"立党为公、执政为民"的执政理念。

3. 强调市场调节与政府作用的结合。中国就业理论体系强调市场调节在人力资源配置中的基础性作用，同时注重发挥政府的作用。政府通过制定和实施积极的就业政策，为劳动者创造更多的就业机会，提高就业质量。同时，政府还加强劳动力市场制度建设，完善社会保障体系，为劳动者提供全方位的就业保障。这种市场调节与政府作用相结合的模式，使我国的就业工作更加高效、稳定。

4. 注重促进高质量充分就业。党的十八大以来，我国将就业目标升级为高质量充分就业，这体现了中国就业理论体系的进一步发展和完善。高质量充分就业不仅要求创造更多的就业机会，还要求提高就业质量，使劳动者能够在工作中获得与自身劳动贡献相当的劳动报酬和福利待遇。同时，政府还注重加强职业教育和培训，提高劳动者的技能水平和就业竞争力，以适应经济发展和产业转型升级的需要。

5. 关注重点群体就业。中国就业理论体系特别关注青年、农民工、残疾人等重点群体的就业问题。政府通过制定和实施一系列政策措施，如开发适合青年的就业岗位、加强农民工技能培训、开展就业援助月活动等，努力解决这些群体的就业难题。

6. 鼓励以创业带动就业。中国就业理论体系还注重鼓励创业带动就业。政府通过提供创业培训、创业指导、创业贷款等支持措施，激发劳动者的创业热情和创新精神，促进创业活动的蓬勃发展。创业不仅为创业者自身提供了就业机会，还带动了上下游产业链的发展，创造了更多的就业岗位。

7.注重国际视野与话语权。中国就业理论体系还强调在国际舞台上发挥我国的作用。通过加快建构中国就业理论体系，提升我国在就业领域的国际话语权和影响力，为世界就业问题的解决贡献我国智慧和我国方案。

综上所述，中国就业理论体系在高度重视就业工作、结合我国实际制定政策、强调市场调节与政府作用的结合、注重促进高质量充分就业、关注重点群体就业以及鼓励创业带动就业等方面具有独特之处。这些特点使我国就业工作取得了显著成效，也为其他国家提供了有益的借鉴和参考。

本章参考文献：

［1］中央宣传部、国家发展改革委组织编写.习近平经济思想学习纲要 [M].人民出版社、学习出版社，2022.

［2］中共中央关于进一步全面深化改革　推进中国式现代化的决定［R/OL］.（2024-07-21）［2024-08-5］.https://www.163.com/dy/article/J80S7S4A0514QM66.html.

［3］冯赵建.习近平关于就业创业重要论述：形成基础、主要内涵和时代价值.邓小平研究 [J]，2023（2）.

［4］莫荣，刘永魁，陈云.新中国成立 70 年就业发展历程与未来展望.中国劳动 [J]，2019（11）.

［5］王阳，杨宜勇.大国就业：结构性失衡与应对之道 [M].中国工人出版社，2022.

［6］和震.统筹抓好教育、培训和就业的理论意蕴和实践路径，人民论坛 [J]，2024（12）.

［7］袁继军.税收政策促进就业的理论分析与实践探索.税务研究 [J]，2024(2).

［8］李健."就业新征程——中国特色大学生就业理论体系建设"教育行指委论坛综述.中国大学生就业 [J]，2024（1）.

［9］杨宜勇.就业理论与失业治理 [M].中国经济出版社，2000.

［10］周慧珺，傅春杨，龚六堂.就业政策如何影响收入分配？——基于量化空间一般均衡模型的理论分析.管理世界 [J]，2024（1）.

［11］刘保中，臧小森.转型理论视域下未就业大学毕业生的就业心态与生活状态分析.中国青年研究 [J]，2023（9）.

［12］杨宜勇.新中国民生发展 70 年 [M].人民出版社，2019.

第二章　就业市场指标体系

就业是民生之本。那么，就业和失业的定义究竟是什么？这都需要我们对劳动力市场指标体系有一个基本的认识，否则，我们就无法正确认识就业市场。国际劳工局为满足各国对劳动力市场信息的迫切需要，在2000年提出国际劳动力市场主要指标体系，并充分体现与时俱进的原则，以后每隔几年修订一次，从而加强了对世界各国劳动力市场运行状况的衡量和国家之间的对比。

第一节　劳动力参与率指标

一、定义与公式

所谓劳动力参与率是衡量一国劳动力市场活动水平的一项首要指标。劳动力是根据第13届国际劳工统计大会（ICLS）通过的标准加以界定的。劳动力参与率具体来说，是指经济活动人口（包括就业者和失业者）占劳动年龄人口的比率。按年龄和性别划分的劳动力参与趋势和程度在各国国内和各国之间具有很大的差异。因此，该指标被根据性别也根据年龄组加以分类。选择按年龄的分类细目，还能分别对青年、劳动力市场黄金年龄组（25 岁至 54 岁）的工人和老年工人进行趋势分析。这个比率能够反映潜在劳动者个人对于工作收入与闲暇的选择偏好，以及社会经济和政治发展水平和劳动力资源利用程度。

精准定义：劳动力参与率是指经济活动人口（包括就业者和失业者）占劳动年龄人口（通常是 16 岁至 64 岁的人口，但具体范围可能因国家或地区而异）的比率。计算公式：劳动力参与率 =（有工作人数 + 正在找工作人数）/（16~64 岁人口）× 100%。

众所周知，劳动力参与率受到多种因素的影响，主要包括：

一是个人因素，比如个人保留工资、家庭收入规模、性别、年龄等。例如，女性的劳动力参与率通常低于男性，这可能与家庭角色和社会期望有关。二是社会宏观经济环境，比如社会保障的覆盖率和水平、劳动力市场状况等。社会保障制度的完善程度会影响人们的就业意愿和劳动参与率。三是制度与政策，比如就业政策、教育政策、福利政策等。这些政策会直接影响人们的就业机会和劳动参与意愿。

从经济学的意义来看，一国劳动力参与率是社会经济活动的指示器，其高低可以反映出社会经济活动中存在的问题。例如，偏高的劳动力参与率可能表明劳动力市场竞争激烈，就业压力大；而偏低的劳动力参与率则可能意味着劳动力市场供需失衡，或者存在其他社会经济问题。

二、我国劳动力参与率的长期变化趋势

我国劳动力参与率的长期变化趋势是一个复杂而多维的问题，涉及经济、社会、人口结构等多个方面。在我国，一方面，长期以来实行的是就业、工资、福利三位一体的政策，劳动者只有就业才能享受公费医疗、养老保险、住房公积金等福利措施。这在一定程度上提高了我国的劳动力参与率。另一方面，随着我国经济社会的发展和人口结构的变化，我国的劳动力参与率也呈现出一定的下降趋势。这主要是由于人口老龄化、教育水

平提高导致人们进入劳动力市场的时间推迟等因素共同作用的结果。

1. 总体呈现出下降的趋势

根据国家统计局、世界银行以及多项学术研究的数据，我国劳动力参与率在近年来呈现出下降趋势。特别是从 2010 年以来，根据人口普查和抽样调查数据推算，我国劳动力参与率出现了显著的下降。导致这一趋势的原因主要包括教育水平提高导致年轻人推迟进入劳动力市场、人口老龄化带来的劳动年龄人口减少、收入水平提高和社会保障制度完善降低了劳动参与意愿等。

尽管总体趋势是下降的，但在某些阶段也出现了劳动力参与率的反弹。例如，有研究显示在特定年份（如 2010 年）之后，劳动力参与率曾短暂上升，这可能与当时的经济政策、就业市场状况等因素有关。然而，这种反弹并未能得到持续，长期来看仍呈现下降趋势。

2. 结构特征差异明显

一是基于性别视角。男性劳动参与率高于女性。长期以来，我国男性劳动力参与率一直高于女性。这与性别角色、家庭分工以及就业市场中的性别歧视等因素有关。女性劳动参与率降幅高于男性，这是由于随着社会的进步和女性地位的提高，虽然女性劳动力参与率也在提高，但是一旦出现拐点其降幅往往高于男性，尤其是在经济不景气或家庭负担加重时更为明显。

二是基于年龄视角。劳动参与率随年龄先升后降。一般来说，年轻人的劳动参与率较低，随着年龄的增长而逐渐上升，达到顶峰后再逐渐下降。这反映了不同年龄段人群在就业市场上的选择和机会差异。但是，也存在特定年龄段劳动参与率的显著下降。近年来，15 至 24 岁人口的劳动参与率出现明显下降，这可能与教育年限延长、就业市场竞争加剧等因素有关。同时，60 岁以上人口的劳动参与率也呈现出下降趋势，但随着延迟退休政策的实施，这一趋势可能会得到缓解。

三是基于城乡视角。由于经济活动、社会保障等差异，农村劳动力的劳动参与率往往高于城镇。然而，随着城镇化和工业化的推进，这一差距正在逐渐缩小。

四是基于世界视角。从国际范围来看，目前我国劳动参与率在国际上仍处于较高水平，但与一些国家相比呈现下降趋势。这充分反映了我国在经济社会发展过程中面临的挑战和机遇。

我国劳动力参与率的长期变化趋势呈现出下降与阶段性反弹并存的特点，并受到性别、年龄、城乡差异以及国际比较等多种因素的影响。展望未来，随着人口老龄化趋势的加剧、教育水平的进一步提高以及经济结构的持续优化调整，我国劳动力参与率依然处在进一步下降的历史性通道之中。各级政府应采取有效措施提高劳动力参与率，如加强职业技能培训、优化就业环境、完善社会保障制度等。

综上所述，劳动力参与率是一个重要的经济指标，它反映了人们参与经济活动的状况和利用劳动力资源的程度。了解和分析劳动力参与率的变化趋势及其影响因素对于制定和实施相关经济政策具有重要意义。

第二节　就业 / 人口比指标

一、定义与公式

就业 / 人口比这一指标测量的是全体就业人口在国家工作年龄人口中所占的比例，所谓工作年龄人口这一群体通常被认为有可能参加广义上的工作。就业 / 人口比是劳动力市场状况的重要指标，是《联合国最低限度国家社会数据框架》（MNSDS）中二个劳动力市场测定标准之一。该指标使我们了解有多少人口参加生产性劳动力市场活动。比率越高，说明参加的规模越大。尽管该指标在定义上与劳动力参与率指标相近，但是就业对人口之比能显示出不同趋势，原因在于它更有可能受到一国之内不断变化的经济状况的影响。

关于就业／人口比指标的精准定义：分子就业人口，通常指在一定年龄范围内（如 16 岁及以上），为取得收入而工作了一定时间（如一周内工作了 1 小时以上）的人口。这一定义可能因国家和地区而异，但大体上相似。分母人口基数，通常指用于计算就业／人口比的特定年龄段人口数，通常是16 岁及以上的全部人口。

计算公式：就业／人口比 = 就业人口 /16 岁及以上人口 × 100%

该项指标的特殊意义具体体现在：

一是可以衡量就业水平，因为就业／人口比直接反映了劳动力市场的就业状况，是衡量一个国家或地区就业水平的重要指标。

二是可以反映社会经济发展基础。就业是民生之本，关系到人民群众的切身利益和社会经济的稳定发展。就业／人口比的高低直接影响了社会的和谐稳定和经济的持续发展。

三是提供政策制定依据。政府和相关机构可以根据就业／人口比的变化趋势，制定相应的就业政策和措施，以促进就业和缓解失业问题。

一般说来，就业／人口比受到诸多因素的影响，其中包括：一是国家的经济发展水平，经济增长速度、产业结构、劳动生产率等都会影响就业人口比。二是国家的人口结构，不同年龄、性别、受教育程度的人口结构差异会对就业人口比产生影响。三是国家的政策环境，政府的就业政策、社会保障制度、教育政策等都会对就业／人口比产生影响。

以某地区为例，如果该地区的就业／人口比呈现上升趋势，说明该地区的就业状况良好，劳动力市场的供需关系较为平衡。相反，如果就业／人口比呈现下降趋势，则可能说明该地区存在就业压力或劳动力市场供需失衡的问题。此时，政府和相关机构需要采取措施促进就业和缓解失业问题。

总之，就业／人口比指标是衡量劳动者就业是否充分的重要指标，对于了解劳动力市场的就业状况、制定就业政策和措施具有重要意义。

二、我国就业／人口比的长期变化趋势

我国就业／人口比的长期变化趋势是一个复杂而多维的议题，它受到经济、社会、人口结构以及政策环境等多种因素的影响。

我国就业／人口比在长期内可能呈现出波动中趋于稳定的趋势。这种稳定性可能源于经济持续增长对就业的带动作用，以及政府在促进就业方面的持续努力。然而，也需要注意到，随着人口结构的变化和经济结构的调整，就业／人口比可能会出现新的波动。

影响我国就业／人口比长期变化的因素无外乎是：一是经济发展速度，经济增长是就业增长的重要驱动力，经济的高速发展往往伴随着就业率的提升。二是人口结构变化，人口老龄化、劳动力年龄结构的变化等都会对就业／人口比产生影响。随着教育水平的提高和人口老龄化的加剧，我国劳动力市场的结构正在发生深刻变化。一方面，受过高等教育的劳动力占比逐渐增加，提高了劳动力的整体素质和就业能力；另一方面，老年劳动力的增加可能会降低整体就业率。三是产业结构调整，随着经济的转型升级，产业结构不断优化，不同产业对劳动力的需求也会发生变化。随着经济结构的调整和优化升级，我国的就业结构也在发生深刻变化。一方面，服务业成为吸纳就业的主要渠道之一，尤其是现代服务业的发展为劳动力市场提供了更多的就业机会；另一方面，传统制造业和农业等领域则面临就业压力增大的挑战。四是政策环境因素，政府的就业政策、社会保障制度、教育政策等都会对就业／人口比产生影响。

未来我国就业／人口比的变化将面临诸多挑战和机遇。一方面，人口老龄化、劳动力成本上升等因素可能会对就业市场产生不利影响；另一方面，数字化转型、绿色经济等新兴产业的发展则为劳动力市场带来了新的

增长点。

　　为了应对未来就业市场的挑战和把握机遇，政府可以采取以下政策措施：加强职业教育和技能培训，提高劳动力的整体素质和就业能力；鼓励创业创新和企业发展，创造更多的就业机会；完善社会保障制度，降低劳动力市场的风险和不稳定性；加强就业市场监测和预警机制建设，及时发现和解决就业问题。

　　综上所述，我国就业／人口比的长期变化趋势是复杂而多变的，受到多种因素的影响。然而，通过加强政策引导和支持、促进经济发展和产业结构调整等措施，我们可以为实现更加充分和更高质量的就业目标而努力。

第三节　就业地位指标

　　就业地位指标在很多国家中非常普遍，因为它区分出三个重要的常用的从业人员类别——（a）工资和工薪劳动者；（b）劳动者；（c）有贡献的家庭工。各类人员均按占就业总量的一个比例列出。按就业地位分类，对于了解各国劳动力市场的动态和经济发展水平是十分有用处的。随着时间的推移和经济的增长，人们一般期望看到就业从农业向工业和服务业部门的转移，从而导致工资和工薪劳动者人数的相应增加，自营就业者以及先前从业于农业部门有贡献的家庭工比例的缩小（在完全成熟阶段，一些发达国家又重新出现自营就业的增长）。按就业地位的分类方法的依据是1958年和1993年的"国际就业地位分类（ICSE）"。

　　1. 工资和工薪劳动者

　　国际劳工组织对工资和工薪劳动者的定义具有重要的指导意义。

　　根据国际劳工组织的定义，工资是指由雇主对受雇者，为其已完成和将要完成的工作或已提供和将要提供的服务，以货币形式支付的报酬或收入。这一定义强调了几个关键要素：一是支付关系：明确了工资的支付者是雇主，而收入者是受雇者（即劳动者或工资劳动者）。二是支付依据：工资是基于劳动者已完成和将要完成的工作或服务来支付的。三是支付方式：工资必须以货币形式支付，可以是现金或其他可接受的货币等价物。四是支付标准：工资支付的标准通常由共同协议（如集体合同）或国家法律法规以书面或口头雇佣合同的形式确定。这一定义体现了国际劳工组织对工资支付公平、透明和合法性的重视，旨在保护劳动者的合法权益。

而工薪劳动者，或称为工资劳动者，是指那些通过提供劳动或服务，从雇主那里获得工资性收入的个体。他们与雇主之间存在明确的雇佣关系，并依据这种关系获得报酬。工薪劳动者是劳动力市场的重要组成部分，他们的权益保护和社会福利状况对于社会稳定和经济发展具有重要意义。

在国际劳工组织的框架下，工薪劳动者享有一系列的基本权利和保障，包括获得公平工资、安全健康的工作环境、社会保障福利等。国际劳工组织通过制定国际劳工标准、提供技术援助和开展国际合作等方式，努力促进全球范围内工薪劳动者权益的保护和改善。

综上所述，国际劳工组织对工资和工薪劳动者的定义体现了对劳动者权益的高度重视和保护。这些定义不仅为各国制定相关政策和法规提供了重要参考，也为全球范围内的劳动者权益保护和社会进步提供了有力支持。

2.什么是劳动者

国际劳工组织（ILO）对于"劳动者"的定义，虽然可能因具体文件、公约或政策的不同而有所差异，但通常可以基于劳动法律的一般原则和国际劳工标准来概述。所谓劳动者是一个广泛的概念，指的是具有劳动能力和劳动愿望，愿意通过提供劳动或服务来获取报酬的个体。劳动者的范围比工薪劳动者更广泛，不仅包括与雇主建立雇佣关系的工薪劳动者，还包括自由职业者、个体经营者、农民等所有通过劳动获取报酬的人群。劳动者的权益保护是劳动法和社会保障法的重要内容。

所谓正在工作中的人，这类人指的是在规定的时期内（通常为一周）正在从事有报酬或有收入的工作。他们通过提供劳动或服务获得工资、薪水或其他形式的报酬。

所谓有职业但因特殊原因暂时脱离工作的人，这些人虽然有固定职业，但由于某种特殊原因而暂时脱离了工作。这些原因可能包括疾病、工伤、休假、劳动争议、旷工、气候不良、机器设备故障等。尽管他们暂时不在工作岗位上，但他们的就业状态并未因此改变，仍然被视为就业者。

所谓雇主和自营业人员及其家庭成员，雇主和自营业人员本身从事着经营或管理活动，因此被视为就业者。同时，如果家庭成员协助他们工作，并且其劳动时间超过正规工作时间的 1/3 以上，则这些家庭成员也被视为劳动者的一部分。

综上所述，国际劳工组织对劳动者的定义是一个综合性的概念，旨在全面反映一个国家的就业状况。这一定义不仅关注那些全职、稳定工作的劳动者，还涵盖了因各种原因暂时离岗的劳动者以及参与家庭经营活动的家庭成员。

3.什么是有贡献的家庭工

所谓有贡献的家庭工通常指的是在家庭内部或家庭相关的环境中从事劳动，对家庭经济和生活有重要贡献的个体。这些劳动可能包括家务劳动、照顾家庭成员（如老人、儿童、病人）等。有贡献的家庭工往往不直接获得工资性报酬，他们的劳动成果主要体现在家庭生活的改善和家庭成员的福祉上。然而，随着社会的进步和权益保护意识的提高，越来越多的国家和地区开始重视家庭工的权益保护，通过立法和政策支持等方式为他们提供必要的保障。

这种劳动一是具备直接性，家庭工所从事的劳动必须是直接针对家庭内部或家庭相关事务的。二是具备无偿性，虽然家庭工可能不直接获得货币形式的报酬，但其劳动成果对家庭而言具有重要价值。家庭工的劳动对家庭经济状况、生活品质或家庭成员的福祉产生积极影响。例如，通过有效的家务管理降低了家庭开支，或通过照顾老人、儿童等减轻了其他家庭成员的负担。家庭工的贡献都具有一定的持续性和稳定性，而非偶尔或临时的帮助。

家庭工所投入的劳动时间和劳动强度应与其贡献程度相匹配。虽然不一定要求全职投入，但应确保劳动量的合理性和有效性。家庭内部对家庭工的贡献应给予充分的认可和尊重。这种认可不仅体现在口头上，还可能包括提供适当的休息、娱乐时间或其他形式的支持。

家庭工所投入的劳动是多种多样的，一是家务劳动，如洗衣、做饭、打扫卫生等，这些劳动虽然看似琐碎，但对维持家庭日常运转至关重要。二是照顾家庭成员，如照顾老人、儿童或病人，这些劳动需要耐心和细心，对家庭成员的身心健康具有重要影响。三是家庭财务管理，如预算编制、理财规划等，这些劳动有助于家庭财务的稳定和增长。四是家庭教育与辅导，如辅导孩子学习、培养兴趣爱好等，这些劳动有助于孩子的成长和发展。

工资和工薪劳动者、劳动者、有贡献的家庭工三者既有区别，又相互联系。工资是具体的经济报酬形式，工薪劳动者特指通过提供劳动获得工资性收入的个体。劳动者是一个广泛的概念，包括所有通过劳动获取报酬的人群。而有贡献的家庭工则强调在家庭内部或相关环境中从事劳动的人群。一般说来，工薪劳动者和劳动者的权益保护受到《中华人民共和国劳动法》和《中华人民共和国社会保障法》的明确保护。有贡献的家庭工的权益保护则相对较为薄弱，但随着社会进步和立法完善，这一情况正在逐步改善。

综上所述，工资和工薪劳动者、劳动者、有贡献的家庭工在定义、特点和权益保护等方面存在明显的差别。理解这些差别有助于我们更准确地把握不同群体的特征和需求，从而为他们提供更加精准的政策支持和保障。

第四节　按部门划分的就业

一、定义

国际劳工组织（ILO）在就业领域的工作广泛而深入，其中按部门划分的就业是一个重要的分析维度。然而，需要注意的是，国际劳工组织本身可能并不直接提供一个统一的、固定的部门划分标准来定义就业，因为各国的经济结构、产业发展阶段和统计体系存在差异。不过，我们可以从一般的经济部门和就业分类的角度来理解按部门划分的就业概念。

该指标将就业分为三大类：农业、工业和服务业。三个部门的就业以占总体就业的百分比列出。该指标显示出在某一部门范围的工作岗位增长和下降情况，同时表明了发达国家与发展中国家在趋势和程度上的差异。部门就业的流量是分析生产率发展趋势的重要因素，因为需将部门内生产率提高的原因与就业从低生产率部门转向高生产率部门而导致生产率提高的原因区别开来。进一步丰富在这三个部门内产业活动的信息应是有益的，部分原因是决策者关心公共部门内的发展趋势。

在经济学和劳动统计中，就业通常按照经济活动的部门进行分类。这些部门大致可以分为以下几类：一是第一产业，通常指农业、林业、渔业和畜牧业等直接依赖自然资源的产业。在这一部门就业的劳动者主要从事与土地、水域和生物资源相关的生产活动。二是第二产业，主要包括工业（包括采矿业、制造业、建筑业等）和建筑业。这一部门的劳动者主要从事物质产品的加工和生产活动。三是第三产业，又被称为服务业，涵盖了除第一、二产业之外的所有经济活动。第三产业范围广泛，包括批发和零售业、交通运输业、住宿和餐饮业、金融业、房地产业、教育、卫生和社会工作、文化体育和娱乐业等。这一部门的劳动者主要提供各种服务。

二、我国三部门就业的结构性变化趋势研究

我国三部门（第一产业、第二产业、第三产业）就业的结构性变化趋势是一个复杂而多维的过程，它受到经济发展、产业结构升级、技术进步、政策调整等多种因素的影响。

1.第一产业就业变化趋势

一是就业人数减少、比重下降。随着城市化和工业化进程的加速，农业及相关领域的就业人口比例逐渐下降。这是因为农业生产效率的提高和机械化、自动化的普及，使得农业对劳动力的需求减少。同时，随着农村劳动力的转移和城镇化进程的推进，越来越多的农民选择进入城市寻找就业机会，进一步减少了第一产业的就业人数。二是内部就业结构优化。尽管第一产业就业人数减少，但其内部结构也在不断优化。例如，随着现代农业的发展，农业产业链不断延长，农业服务业等新兴领域逐渐兴起，为农村劳动力提供了新的就业机会。

2.第二产业就业变化趋势

一是就业人数波动、比重相对稳定。第二产业主要包括制造业、建筑业等劳动密集型产业，这些产业在过去几十年中一直是吸纳就业的重要渠道。然而，随着产业结构升级和技术进步，第二产业的就业人数也呈现出一定的波动性。制造业等产业在转型升级过程中，对高素质劳动力的需求增加，而对低技能劳动力的需求减少。这导致部分低技能劳动力面临就业压力，但同时也为具备专业技能和知识的人才提供了更多的就业机会。二是内部就业结构升级。第二产业的就业结构也在不断优化升级。随着先进装备、新型材料等制造行业的发展，对高技术、高技能人才的需求不断增加。同时，绿色制造、智能制造等新兴领域的发展也为第二产业带来了新的就业机会。

3. 第三产业就业变化趋势

一是就业人数增加、比重上升。第三产业包括服务业、金融业、信息技术等领域，是吸纳新增就业的主要渠道。随着中国经济的发展和产业结构的调整，第三产业的就业人数不断增加，比重也持续上升。服务业中的餐饮、交通、批发零售等行业在吸纳就业方面表现尤为突出。同时，随着信息技术的快速发展和互联网的普及，电子商务、互联网金融等新兴领域也为就业市场注入了新的活力。二是内部就业结构多样化。第三产业的就业结构呈现出多样化的特点。不同行业、不同岗位对劳动力的需求各不相同，这为求职者提供了更多的选择和机会。同时，随着消费升级和市场需求的变化，第三产业内部的就业结构也在不断调整和优化。

总而言之，我国三部门就业的结构性变化趋势是经济发展和产业结构升级的必然结果。随着城市化、工业化和信息化的推进，第一产业就业人数减少、比重下降；第二产业就业人数波动、比重相对稳定但结构升级；第三产业就业人数增加、比重上升且结构多样化。未来，随着我国经济的高质量发展和产业结构的进一步优化升级，三部门就业的结构性变化趋势仍将持续并呈现出新的特点。

第五节　非全日制工人

一、定义

在以往的 40 多年里，非全日制工作的发生率在许多国家均有很大的增长。这一现象的出现，部分原因在于妇女不断加入劳动力队伍，另外也由于为年龄较轻和年龄较大的工人（他们不够或不愿意从事全日制工作）提供就业的需要。对发达（工业化）国家而言，非全日制工作已成为一个重要问题，而对发展中国家来说，工作时数，特别是自营就业者或个体劳动者的工作时数更是一个值得关注的问题。目前，尚无国际劳工组织承认的全日制和非全日制工作的明确界限，因而只有在国家一级来确定此类界限。

那么，究竟什么是非全日制工人？一般是指那些以小时计酬为主，在同一用人单位平均每日工作时间一般不超过 4 小时，每周工作时间累计不超过 24 小时的劳动者。这种用工形式具有以下几个主要特点：

一是工作时间灵活。非全日制工人的工作时间相对于全日制工人更为灵活。他们可以根据自己的时间安排和用人单位的需求，在不超过每日 4 小时、每周 24 小时的总工作时间内自由安排工作。这种灵活性使得非全日制工人能够更好地平衡工作与生活，同时也满足了企业对灵活用工的需求。

二是薪酬计算方式独特。非全日制工人的薪酬主要以小时为单位进行计算。用人单位会按照双方约定的工资标准支付工资，但这一标准不得低于当地政府颁布的小时最低工资标准。此外，支付工资的周期通常不超过 15 日，这有助于确保非全日制工人能够及时获得劳动报酬。

三是劳动关系灵活。与全日制工人相比，非全日制工人的劳动关系更加灵活。根据相关法律法规，用人单位与非全日制工人建立劳动关系时，可以不签订书面劳动合同，而是采用口头协议的方式。这种灵活性使得非全日制工人能够更容易地进入和退出劳动力市场，同时也降低了企业的用工成本。

四是社会保险缴纳特殊。在社会保险缴纳方面，非全日制工人与全日制工人也存在差异。虽然用人单位必须为非全日制工人缴纳工伤保险，但对于其他社会保险费用（如养老保险、医疗保险等），则没有强制要求用人单位必须缴纳。这反映了非全日制工人在社会保障方面的特殊性和差异性。

五是权益保障仍需加强。尽管非全日制工人在劳动力市场中发挥着重要作用，但他们的权益保障仍需加强。由于劳动关系灵活、工作时间短等特点，非全日制工人在劳动权益保护方面往往面临更多挑战。因此，政府和社会各界应加强对非全日制工人的关注和保护力度，确保他们的合法权益得到有效保障。

综上所述，非全日制工人是一种以小时计酬为主、工作时间灵活、劳动关系灵活、社会保险缴纳特殊且权益保障仍需加强的用工形式。这种用工形式适应了企业降低人工成本、推进灵活用工的客观需要，同时也为劳动者提供了更多的就业选择和机会。

二、我国非全日制工人的长期发展趋势研究

我国非全日制工人的长期发展趋势是一个复杂而多元的过程，受到社会经济、技术进步、政策调整以及市场需求等多方面因素的影响。

一是市场需求持续增长。随着我国经济结构的多元化发展，非全日制工作在不同行业和领域的需求将持续增长。特别是在服务业、教育行业、网络平台以及创业公司等领域，非全日制工作因其灵活性和成本效益而受到青睐。此外，科技进步和数字化转型为非全日制工作提供了更多可能性。远程办公、在线平台等技术的应用使得非全日制工作更加便捷和高效，从而促进了其市场需求的增长。

二是法律保障逐步完善。我国政府对非全日制工作的法律保障日益完善。例如，《中华人民共和国劳动合同法》等相关法律法规对非全日制用工的权益保护、工作时间、工资支付等方面做出了明确规定，为非全日制工人提供了法律保障。特别是随着政府对劳动力市场监管力度的加强，非全日制工人的劳动权益将得到更好的保护。政府将加强对企业用工行为的监管，确保企业遵守相关法律法规，保障非全日制工人的合法权益。

三是工作模式不断创新。非全日制工作将继续呈现灵活多样的特点。未来，非全日制工作将不仅仅局限于传统的兼职和临时工形式，还可能包括远程工作、项目制工作、季节性工作等多种模式。这些模式将更好地满足企业和个人的需求，提高工作效率和灵活性。随着非全日制工作市场的

竞争加剧，劳动者将更加注重自身技能的提升。通过参加职业培训、在线教育等方式，非全日制工人将不断提高自己的专业技能和综合素质，以适应市场需求的变化。

四是社会认可度提高。伴随社会的进步和观念的转变，非全日制工作的社会认可度将逐渐提高。越来越多的人将认识到非全日制工作的重要性和价值，不再将其视为"临时"或"次等"的工作选择。政府加大对非全日制工作的支持力度，通过制定优惠政策、提供职业培训等措施，鼓励和支持非全日制工作的发展。这将有助于提高非全日制工作的社会地位和认可度。

五是面临的挑战与对策。非全日制工作虽然具有灵活性和成本效益等优势，但也面临着一些挑战。例如，非全日制工人的劳动权益保障不足、收入不稳定、职业发展受限等问题。此外，部分企业对非全日制工作的认知存在偏差，导致其在用工过程中存在不规范行为。为解决这些问题，需要政府、企业和个人共同努力。政府应加强对非全日制工作的监管和保障力度；企业应规范用工行为，保障非全日制工人的合法权益；个人应不断提升自身技能素质，以适应市场需求的变化。

第六节　工作时间

一、定义

关于工作时间的数据在监测和制定宏观经济和人力资源开发和计划，包括制定就业政策和计划、收入创造和维持计划、职业培训计划等工作中都是有用的。该指标包括有关工时的三项衡量标准。第一项标准涉及每周工作一个"边际"时数（低于 10 小时）的人员数量；第二项标准涉及那些工作"超量"时数的人员数量，即每周时数超过"正常"工作用时；第三项标准是对人均年工作时间的估计数。

1. 什么是工作时间不够

工作时间不够通常指的是劳动者在一段特定的工作周期内（如一天、一周或一个月）所投入的实际工作时间未达到其应工作的时间标准或期望的工作时间量。这种情况可能由多种因素导致，包括但不限于以下几点：

一是工作量不足。在某些情况下，企业可能由于订单减少、业务调整或市场需求变化等原因，导致工作量不足以支撑员工按标准时间工作。这时，员工可能会出现工作时间不够的情况。二是请假或休假。员工因个人原因（如病假、事假、年假等）而缺席工作，这会导致他们在这段时间内的工作时间减少。如果请假时间较长，可能会影响到他们当月或当周的总工作时间。三是工作效率问题：有些员工可能因为技能不足、工作态度不积极或缺乏有效的工作方法等原因，导致他们在规定的时间内无法完成应完成的工作任务。这种情况下，虽然他们可能花费了与同事相同的时间在工作上，但实际上完成的工作量却相对较少，从而给人一种"工作时间不够"的印象。四是灵活工作安排：在一些实行弹性工作制或远程办公的企业中，员工可以根据自己的工作效率和生活节奏来安排工作时间。如果员工选择在高峰期之外工作，或者将部分工作带回家中完成，那么他们在办公室或公司规定的工作时间内的实际工作时间可能会相对较少。然而，这并不意味着他们的工作时间不够，而是他们选择了更加灵活和高效的工作方式。五是企业政策或规定：有些企业可能出于某种原因（如减少成本、提高员工满意度等）而允许员工在特定时间段内减少工作时间。例如，实行"四天工作制"的企业会让员工在每周内工作四天而不是五天。这种情况下，员工的工作时间自然会相对较少，但这并不意味着他们的工作时间不够或工作质量低下。

需要指出的是，"工作时间不够"并不一定等同于工作表现不佳或工作成果不足。有时，员工可能通过提高工作效率、优化工作流程或利用碎片时间等方式来弥补工作时间的不足，从而确保工作任务的顺利完成。因此，在评价员工的工作表现时，应该综合考虑多个方面的因素，而不仅仅是看工作时间的长短。目前，主要的问题是有一少部分的工作时间，达不到法定工作时间的标准！

2.什么是法定工作时间

法定工作时间，是指按照国家法律明文规定的劳动者最多工作的时间。

一是法定工作时间的具体规定。根据《中华人民共和国劳动法》的相关规定，劳动者每日工作时间不得超过8小时。这是保障劳动者休息权的基本要求，也是避免劳动者过度劳累、保障其身心健康的重要措施。劳动者平均每周工作时间不得超过44小时（但需注意，近年来我国普遍实行的是每周不超过40小时的工时制度，这一变化反映了我国劳动法对劳动者权益保护的进一步加强）。用人单位应当保证劳动者每周至少休息一日，这有助于劳动者恢复体力、调整状态，以更好的精神状态投入到下一周的工作中。如果用人单位因生产经营需要延长工作时间，需与工会和劳动者协商，并且延长工作时间一般每日不得超过1小时；因特殊原因需要延长工作时间的，在保障劳动者身体健康的条件下延长工作时间每日不得超过3小时，但是每月不得超过36小时。这是为了防止用人单位过度剥削劳动力、保障劳动者休息权的重要规定。

二是特殊情况下的工作时间安排。在特殊情况下，如发生自然灾害、事故或者因其他原因威胁劳动者生命健康和财产安全需要紧急处理的，以及法律、行政法规规定的其他情形，延长工作时间可以不受上述限制。但这些情况必须严格依法依规处理，确保劳动者的合法权益不受侵害。

三是法定工作时间的意义。法定工作时间的设定具有十分重要意义，它不仅是保障劳动者休息权、维护劳动者身心健康的重要措施，也是促进劳动关系和谐稳定、推动经济社会持续健康发展的重要保障。通过合理设定法定工作时间，可以平衡劳动者的工作与休息需求，提高劳动者的工作效率和生活质量，从而推动社会的全面进步和发展。

综上所述，法定工作时间是劳动者权益保护的重要内容之一。用人单位应当严格遵守相关法律法规的规定，合理安排劳动者的工作时间和休息时间，确保劳动者的合法权益得到充分保障。同时，劳动者也应当了解自己的权益和义务，积极维护自己的合法权益。

3.什么是工作时间过度

工作时间过度，通常指的是劳动者的工作时间超过了法定标准或合理范围，对劳动者的身心健康和工作生活平衡造成不利影响的现象。

一是关于定义与标准。根据《中华人民共和国劳动法》的规定，劳动者每日工作时间不得超过 8 小时，平均每周工作时间不得超过 44 小时。超过这一标准的工作时间，就可能被视为工作时间过度。除了法定标准外，工作时间过度还涉及到劳动者个人的工作负荷、身体状况、工作性质等因素。因此，即使未超过法定工作时间，如果劳动者感到身心疲惫、无法保持良好的工作状态，也可能被认为是工作时间过度。

二是关于表现形式。加班十分频繁，劳动者经常需要加班以完成工作任务，且加班时间超过法定限制。工作强度大，即使在工作时间内，劳动者也面临着高强度的工作任务，难以得到充分的休息和放松。工作与家庭失衡，工作时间过度导致劳动者无法兼顾工作和家庭生活，影响家庭关系和个人生活质量。

三是关于影响与危害。对劳动者的身心健康造成损害，长时间的工作会导致劳动者身体疲劳、精神压力大，容易引发各种职业病和心理问题。过度的工作时间会导致劳动者精力不足、注意力不集中，从而影响工作效率和工作质量。严重影响个人生活质量和家庭关系，工作时间过度会挤占劳动者的休息时间和社交时间，导致个人生活单调乏味、家庭关系紧张。不利于企业的可持续发展，长时间的工作时间和高强度的工作压力会导致员工流失率增加、工作满意度下降等问题，进而影响企业的生产效率和经济效益。

目前应对措施主要有：一要加强法律法规建设，完善相关法律法规，明确工作时间过度的标准和处罚措施，保障劳动者的合法权益。二要推广弹性工作制度，鼓励企业实行弹性工作制度，允许员工根据个人情况调整工作时间和工作地点，提高工作生活平衡度。三要加强企业文化建设，倡导健康、积极的企业文化氛围，关注员工的身心健康和工作生活平衡问题，提高员工的工作满意度和忠诚度。四要提高员工自我保护意识，加强员工权益保护教育，提高员工的自我保护意识和能力，让员工敢于维护自己的合法权益。

综上所述，工作时间过度是一个涉及劳动者权益保护、工作效率和企业可持续发展等多个方面的问题。需要政府、企业和员工共同努力来加以解决和应对。

二、我国就业者工作时间的发展趋势

我国就业者工作时间的发展趋势是一个复杂且多维度的问题，涉及经济、社会、法律等多个方面。

1. 总体趋势

近年来，我国就业者的工作时间呈现出不断延长的趋势。国家统计局发布的数据显示，自 2015 年以来，我国企业就业人员的周平均工时逐年上涨。特别是 2023 年，周平均工时达到了近二十年的新高，为 49 小时。进入 2024 年，这一趋势并未得到缓解，6 月的周平均工时仍保持在较高水平，为 48.6 小时，接近近 6 年的次高点。

2. 具体表现形式

超时工作现象普遍。根据《中华人民共和国劳动法》的规定，劳动者每日工作时间不得超过 8 小时，平均每周工作时间不得超过 44 小时。然而，实际情况中，劳动者的工时常常超出这一标准。特别是在一些竞争激烈或劳动密集型行业，超时工作已成为常态。加班文化盛行，比如"996工作制"（早9晚9，每周工作6天）等加班文化在互联网行业及其他一些行业广泛存在。尽管这种工作制度引发了广泛争议，但部分企业仍将其作为提高生产效率和保持竞争力的手段。灵活就业群体工作时长更长，值得注意的是外卖员、快递员、网约车司机等灵活就业群体的工作时长往往更长。他们为了增加收入，不得不通过延长工作时间来应对生活成本的需求。

3.出现这些情况的主要原因

一是经济压力。在经济高速增长时期，企业为了应对市场需求和竞争压力，往往需要调动更多的人力资源来加班生产。同时，部分劳动者为了获得更高的收入也愿意主动加班。而在经济下行压力大时，不少劳动者为了保住工作机会甘愿承受更长工作时间和更大工作强度。二是劳动法执行难度大，尽管劳动法对工作时间有明确规定，但在实际操作中，由于监管难度大、执法成本高等原因，超时工作现象难以得到有效遏制。三是就业市场供需关系，在就业市场供需失衡的情况下，劳动者往往处于弱势地位，难以有效维护自己的合法权益。特别是在一些竞争激烈的行业或领域，劳动者为了获得工作机会或提高收入水平，不得不接受加班等条件。

展望未来，一要加强监管和执法，政府应加强对企业用工行为的监管和执法力度，确保劳动法得到有效执行。同时，应建立健全的投诉举报机制，为劳动者提供便捷的维权渠道。二要推动工作制度改革，鼓励企业探索更加合理、人性化的工作制度，如弹性工作制、远程办公等，以减少不必要的加班现象。同时，应加强对加班文化的引导和规范，避免其成为企业常态化的工作模式。三要提高劳动者权益保障，加强对劳动者的权益保障力度，提高劳动者的收入水平和社会地位。通过完善社会保障体系、加强职业培训等措施，提高劳动者的就业能力和竞争力，从而减少其对超时工作的依赖。

第七节　城镇非正规部门就业指标

一、定义

就规模和发展而言，非正规部门是大多数发展中国家以及一些工业化国家经济、社会和政治生活的一个重要组成部分，往往吸收了城镇地区大多数新增劳动力。该指标的设定代表某种尝试，为的是了解劳动力市场中尚未被诸如有关失业率和与时间有关的不充分就业等其他指标所涵盖的状况。

城镇非正规部门就业，是一个涉及劳动力市场结构和就业形态的重要概念。以下是对其的详细解析：

1. 定义

非正规就业由国际劳工组织于 1973 年首次提出，指的是在发展中国家城市地区那些低收入、低报酬、无组织、无结构的很小生产规模的生产或服务单位中的就业形式。在我国，非正规就业主要是指广泛存在于非正规部门的自我就业和正规部门中的临时就业，这些就业形式有别于传统典型的就业形式。

2. 特征

组织形式：非正规部门通常不注册、不纳税，不依靠政府而自主形成，具有灵活性和多样性。

劳动关系：非正规就业者往往未与用人单位签订正式的劳动合同，但已形成事实劳动关系。这种劳动关系相对松散，缺乏稳定性和法律保障。

工作性质：非正规就业者多从事简单的生产和服务工作，劳动条件较差，工资待遇较低，且往往缺乏必要的劳动保护和福利保障。

3.类型

根据我国的实际情况,非正规就业主要包括以下几种类型:

非正规部门里的各种就业门类,如个体经营、家庭手工业、街头小贩等。

正规部门里的短期临时就业,如企业为了应对季节性或临时性需求而雇佣的短期工。

非全日制就业,如兼职工作、小时工等。

劳务派遣就业,由劳务派遣机构与劳动者签订劳动合同,再将劳动者派遣到用工单位从事劳动。

分包生产或服务项目的外部工人,如建筑工地上的分包工人、生产线上的外包工人等。

4.影响

非正规就业在城镇就业市场中发挥着重要作用,一方面为大量低技能劳动力提供了就业机会,缓解了就业压力;另一方面,由于劳动关系松散、劳动条件差、工资待遇低等问题,非正规就业也面临着诸多挑战和困境。

5.政策建议

针对非正规就业存在的问题,政府和社会各界应采取以下措施加以改进:

完善法律法规。制定和完善相关法律法规,明确非正规就业者的法律地位和权益保障,加强执法力度,打击非法用工行为。

加强职业培训。为非正规就业者提供职业培训和技能提升机会,提高其就业竞争力和收入水平。

改善劳动条件。加强对非正规就业者的劳动保护,改善其劳动条件和工作环境,保障其身心健康。

完善社会保障体系。将非正规就业者纳入社会保障体系,提供养老保险、医疗保险等社会保障服务,减轻其生活负担。

促进正规化发展。通过政策引导和扶持,鼓励非正规就业向正规化发展，提高就业稳定性和质量。

二、我国城镇非正规部门就业的发展趋势研究

我国城镇非正规部门就业的发展趋势是一个复杂而多维的社会经济现象，受到多种因素的影响。以下是对该趋势的详细研究：

1. 现状分析

关于就业规模。我国城镇非正规就业在就业总量中占有相当比重，据估计占城镇总就业的 33.2%~44.7%，就业人数达 1.38 亿~1.55 亿。非正规就业者主要集中在批发和零售贸易及餐饮业、居民服务、修理和其他服务业以及制造业等行业。

关于就业形式。非正规就业形式多样，包括临时工、自由职业者、个体经营、家庭手工业、街头小贩等。这些就业形式往往不依赖于正式的劳动合同，劳动关系相对松散。

关于就业特点。非正规就业具有灵活性高、门槛低、包容性强的特点，适合不同层次的劳动力需求。但同时，非正规就业也面临着就业稳定性差、福利待遇不健全、劳动保护不足等问题。

2. 发展趋势

一是增长趋势，随着城镇化进程的加快和产业结构的调整，非正规就业在城镇就业市场中的地位将越来越重要。特别是在经济转型和产业升级的过程中，非正规就业将成为吸纳劳动力的重要渠道。

二是正规化趋势，随着政策制度的完善和社会认知的提高，非正规就业将逐步向正规化方向发展。政府将出台更多政策措施，鼓励和支持非正规就业者转向正规就业，提高其就业稳定性和福利待遇。

三是技能提升趋势，非正规就业者将更加注重自身技能的提升和素质的提高，以适应市场需求的变化。政府和社会各界将提供更多职业培训和教育机会，帮助非正规就业者提升就业竞争力。

四是关于政策支持趋势。政府将加大对非正规就业的支持力度，制定更加积极的就业政策和社会保障政策。同时，政府还将加强与非正规就业者的沟通和联系，了解其需求和诉求，为其提供更加精准的服务和支持。

3.影响因素

基于经济因素，经济发展水平和产业结构的变化将直接影响非正规就业的发展趋势。随着经济的增长和产业结构的升级，非正规就业将呈现出更加多样化和复杂化的特点。

基于社会因素，社会对非正规就业的认知和态度将影响其发展趋势。随着社会对非正规就业的理解和接纳程度的提高，非正规就业者的社会地位和权益保障将得到更好的保障。

基于政策因素，政府政策对非正规就业的发展具有重要影响。政策的制定和实施将直接影响非正规就业的规模、结构和质量。

4.结论

我国城镇非正规部门就业的发展趋势呈现出增长、正规化、技能提升和政策支持等特点。在未来，随着经济社会的不断发展和政策制度的不断完善，非正规就业将在城镇就业市场中发挥更加重要的作用。同时，政府和社会各界应加强对非正规就业的关注和支持，促进其健康、有序地发展。

第八节　失业

一、定义

对一些国家而言，失业率被视为衡量劳动力市场的关键指标。当失业率和就业率在一起时，对于正常收集有关劳动力数据的国家而言，这两种测量代表了经济活动和劳动力市场中地位最广泛的指标。失业率告诉我们没有工作并正在积极寻找工作的劳动力比例。尽管在各国中，在失业和经济困难之间有很高的相关性，但不应把失业错误理解为对经济困难的一种测量。

所谓失业是指有劳动能力、愿意接受现存工资水平但仍然找不到工作的现象。在经济学范畴中，一个人愿意并有能力为获取报酬而工作，但尚未找到工作的情况，即被认为是失业。失业的定义包含了三个关键要素：首先，失业者必须有劳动能力，即具备从事某种社会劳动的能力；其次，失业者必须愿意工作，这意味着他们主观上有就业的意愿；最后，失业者没有工作，即处于无工作的状态。

失业可以根据不同的标准进行分类。如根据失业时间的长短可以分为短期失业和长期失业；根据失业的原因可以分为摩擦性失业、结构性失业、季节性失业、周期性失业等。这些分类有助于我们更深入地理解失业现象的复杂性和多样性。

失业对个人和社会都会产生深远的影响。对个人而言，失业意味着失去了经济来源，可能导致生活水平下降、心理压力增大等问题。对社会而言，失业率的上升会增加社会的不稳定因素，影响经济的持续增长和社会的进步。

为了缓解失业问题，政府和社会各界可以采取多种措施。政府可以制定积极的就业政策，鼓励企业增加招聘、提供职业培训、支持创业等；同时，还可以加强社会保障体系建设，为失业者提供必要的生活保障和再就业服务。此外，社会各界也可以积极参与解决失业问题，如企业可以提供更多的就业机会、社会组织可以开展职业培训和就业指导等活动。

总之，失业是一个十分复杂的社会经济现象，需要政府、企业和社会各界共同努力来加以解决。通过制定有效的政策和措施，我们可以为失业者提供更多的就业机会和更好的社会保障，促进经济的稳定增长和社会的和谐发展。

二、如何科学测量失业率

科学测量失业率是一个复杂但至关重要的过程,它涉及到多个环节和因素。以下是一个关于如何科学测量失业率的详细步骤和方法:

1. 明确失业率的定义

失业率是指失业人口占劳动力(就业人口与失业人口之和)的比重。这是衡量一个国家或地区失业状况的主要指标,反映了劳动力市场的供求状况。

2. 确定调查范围和对象

通常包括全国或特定地区的城镇和乡村。在我国,城镇调查失业率是月度发布的主要失业率数据,因为它能较好地反映非农就业的主要区域和经济变动的相关性。被调查对象主要是劳动力人口,即年龄在16周岁及以上具有劳动能力并愿意工作的人。这包括就业人口和失业人口。非劳动力人口,如在校学生、失去劳动能力的人、没有工作意愿的人等,则不在调查范围内。

3. 采用科学的调查方法

为了获取具有代表性的数据,通常采用抽样调查的方法。在我国,国家统计局每月在全国范围内抽取一定数量的住户(如34万个住户)开展劳动力调查。这些住户在城镇和乡村范围内随机抽选,确保样本的广泛性和代表性。调查员使用手持电子终端设备入户实时采集数据,并通过网络直接报送国家统计局。这种方式可以确保数据的准确性和及时性。问卷设计应科学合理,能够全面反映被调查者的就业和失业状况。问卷内容通常包括个人基本信息、就业状态、求职意愿等。

4. 数据处理和分析

收集到的数据需要进行整理和录入,确保数据的完整性和准确性。由于抽样调查存在样本偏差,因此需要对数据进行加权处理,以还原总体的规模和结构。加权调整时可能使用无响应调整权数、设计权数和事后分层权数等。为了评估数据的可靠性，需要计算抽样误差。这通常使用"自助法"（bootstrap）等复杂样本方差计算方法。通过对数据进行统计分析，计算出失业率等关键指标。同时，还可以对数据进行深入挖掘，分析失业的原因、结构、趋势等。

5.发布和解读失业率数据

经过严格的数据处理和分析后，失业率数据将通过官方渠道发布。在我国，这些数据通常由国家统计局在每月的固定时间发布。发布的数据需要进行解读，以便公众和政府了解劳动力市场的真实状况。解读时应关注失业率的变化趋势、结构特征、影响因素等，并提出相应的政策建议。

总之，科学测量失业率需要明确定义、确定调查范围和对象、采用科学的调查方法、进行数据处理和分析以及发布和解读数据等多个环节。这些环节相互关联、相互影响，共同构成了科学测量失业率的完整体系。

三、我国的失业情况和失业率长期发展趋势

我国的失业情况和失业率长期发展趋势受到多种因素的影响，包括经济增长、产业结构调整、技术进步、政策变化等。以下是对我国失业情况和失业率长期发展趋势的研究概述：

1.当前失业情况

一是关于失业率数据。根据国家统计局公布的数据，近年来我国的城镇调查失业率经历了一定的波动。特别是在某些时期，如年初或特定经济背景下，失业率可能会显著上升。例如，2024 年 4 月，全国城镇不包含在校生的 16–24 岁劳动力失业率高达 14.7%，创下了历史新高，反映出青年就业市场的严峻形势。整体来看，虽然面临诸多挑战，但我国就业形势总体保持基本稳定。政府采取了一系列措施来稳定就业市场，包括加强职业培训、提供就业援助等。

二是关于失业人口结构。失业人口的结构也呈现出一定的特点。青年失业问题尤为突出，这主要是由于青年人在就业市场上相对缺乏经验、技能与市场需求不匹配等原因造成的。同时，农民工、低技能劳动力等群体也面临着较大的就业压力。

2. 长期发展趋势

一是关于经济增长与就业。经济增长是就业的重要支撑。随着我国经济从高速增长阶段进入高质量发展阶段，经济增长速度可能会有所放缓，但这并不意味着就业机会的减少。相反，通过优化产业结构、推动创新驱动发展等措施，可以创造更多高质量的就业岗位。二是关于产业结构调整。随着科技进步和产业升级的加速推进，一些传统产业可能会逐渐衰退，而新兴产业则会迅速崛起。这种产业结构调整对就业市场产生了深远影响。一方面，传统产业衰退可能导致部分劳动力面临失业风险；另一方面，新兴产业的发展则为劳动力提供了新的就业机会和发展空间。

3. 政策支持与就业服务

政府将继续加强就业政策的制定和实施力度，完善就业服务体系，为劳动者提供更加全面、高效的就业服务。同时，政府还将加大对重点群体的就业帮扶力度，如青年、农民工、残疾人等群体，确保他们能够实现稳定就业。

4. 技能与岗位匹配

随着劳动力市场的不断变化和发展，技能与岗位的匹配问题日益凸显。为了提高劳动者的就业竞争力和适应能力，政府和社会各界将加强职业技能培训和教育体系建设，提高劳动者的职业素质和就业能力。这将有助于缓解就业市场的结构性矛盾，促进劳动力市场的健康发展。

第九节　青年失业

一、定义

对许多国家来说，无论处于何种发展阶段，青年失业都是一个重要的政策问题。这里"青年"一词被界定为年龄在15—24岁之间的人员，而"成年人"一词被界定为年龄在25岁及以上的人员。表示青年失业情况的指标主要有以下几个：（a）青年失业率；（b）青年失业率占成年人失业率的百分比；（c）失业青年在失业总人口中所占的比例；（d）失业青年在青年人口中所占的比例。对这几个指标的分析，应将之结合起来进行；如果孤立地分析其中的一项，容易造成误解。例如，一个国家的青年相对于成年人失业的比率很高，但在失业总人口中占的比例却不高。在表述青年失业占青年人口的比例时，承认这样一种事实，即有一大部分青年是从劳动力队伍以外的某种地位进入失业队伍的。若把四项指标放在一起分析，能够较为全面地反映青年在劳动力市场面临的问题。

青年失业是一个复杂的社会现象，它涉及多个方面的因素。以下是对青年失业的详细解释：

一是关于定义。青年失业通常指的是年龄在特定区间内（一般为15–24岁，但不同国家和地区可能有所不同，如我国一般将16–24岁作为青年失业的界定范围）的年轻人，他们目前没有工作且正在积极寻找工作，但未能找到符合自己条件或期望的工作岗位。这些年轻人被视为劳动力市场上的失业者。

二是关于基本特征。青年失业主要发生在年轻人群体中，他们通常具有较高的教育水平和职业期望。这些年轻人有强烈的求职意愿，并正在积极寻找工作机会。尽管他们有强烈的求职意愿和一定的能力，但由于各种原因（如就业市场竞争激烈、自身条件与岗位需求不匹配等），他们难以找到合适的工作。

三是关于影响因素。从经济方面来看，经济增长速度放缓或经济衰退可能导致就业机会减少，从而增加青年失业的风险。产业结构调整也会影响青年失业率。随着新兴产业的崛起和传统产业的衰退，一些青年可能因技能不匹配而面临失业。从教育方面来看，教育水平对青年就业具有重要影响。虽然高学历可能增加就业机会，但某些专业或领域的就业市场可能相对饱和，导致部分高学历青年难以找到合适的工作。教育与市场需求的不匹配也是导致青年失业的原因之一。一些学校或专业可能过于注重理论知识的传授，而忽视了对学生实践能力和职业技能的培养。从社会方面来看，社会歧视和偏见也可能影响青年就业。例如，某些行业或企业可能存在性别、年龄、地域等方面的歧视，导致部分青年难以获得公平的就业机会。家庭背景和社会关系网络也可能对青年就业产生影响。一些家庭背景较差或社会关系网络较弱的青年可能面临更大的就业困难。从个人方面来看，青年个人的职业规划、求职意愿和求职能力等因素也会影响其就业状况。一些青年可能缺乏明确的职业规划或求职意愿不强，导致在就业市场上处于劣势地位。心理健康问题也可能影响青年的就业状况。例如，长期失业可能导致青年产生自卑、焦虑等心理问题，进而影响其求职意愿和求职能力。

总而言之，青年失业不仅对个人产生负面影响，如影响个人收入、心理健康和社会地位等，还可能对整个社会造成不良影响。例如，青年失业可能导致社会不稳定因素增加、人力资源浪费和经济发展受阻等。

为了解决青年失业问题，政府、社会和企业需要共同努力，采取多种措施：加强职业教育和技能培训，重点提高青年的职业技能和就业竞争力。优化产业结构，促进新兴产业的发展和传统产业的转型升级，创造更多就业机会。完善就业服务体系，为青年提供全面的就业咨询、指导和帮扶服务。加强社会保障，为失业青年提供必要的生活保障和心理支持。促进创新创业，鼓励青年自主创业和灵活就业，拓展就业渠道和方式。

综上所述，青年失业是一个复杂的社会问题，需要多方面的努力才能得到有效解决。

二、我国青年失业情况及其长期发展趋势研究

1. 当前我国青年失业情况

一是关于青年失业率现状。根据国家统计局的数据，近年来我国青年（特别是16-24岁年龄段）的失业率一直较高。2024年，这一趋势仍在持续。具体来说，2024年4月，全国城镇不包含在校生的16-24岁劳动力失业率为14.7%，相较于2023年12月的14.9%有所下降，但仍处于高位。

二是关于青年失业特点。青年失业率对经济活跃度的反应较快，波动较大，具有高敏感性。例如，在经济增长放缓时，青年失业率往往会显著上升。每年7月，由于大量毕业生进入就业市场，青年失业率会达到峰值。例如，2022年7月青年失业率达到了历史最高值19.9%。随着技术的发展和产业结构的调整，许多青年面临技能与岗位需求不匹配的问题，导致就业困难。

2. 长期发展趋势

一是源于经济转型与产业升级。随着中国经济从高速增长转向高质量发展，产业结构和就业结构将发生深刻变化。服务业、高新技术产业和战略性新兴产业将成为吸纳就业的主要力量。这将为青年提供更多就业机会，但同时也要求青年具备更高的技能水平和适应能力。

二是源于青年教育与培训。为应对经济转型和产业升级的挑战，青年教育和培训将更加注重实践能力和创新能力的培养。高校和职业教育机构将加强与企业的合作，共同培养符合市场需求的人才。此外，政府和社会

各界也将加大对青年就业创业的支持力度，提供更多的培训和指导服务。

三是源于灵活就业与创业。随着数字经济的发展和灵活就业的兴起，越来越多的青年选择通过灵活就业或创业来实现自我价值。政府将进一步完善相关政策法规，保障灵活就业人员的权益和福利，同时鼓励和支持青年创业创新。

四是源于国际化视野。在全球化的背景下，我国青年将更加注重国际化视野的培养。政府将积极推动青年国际交流与合作，为青年提供更多的海外学习和就业机会。同时，青年也将更加关注国际就业市场的发展趋势和变化，积极寻求海外就业和创业的机会。

综上所述，我国青年失业问题是一个复杂的社会问题，需要政府、社会、企业和青年自身共同努力解决。未来，随着经济转型和产业升级的深入发展以及青年教育与培训的不断完善，青年失业问题有望得到缓解。然而，这仍需要政府出台更加积极有效的政策措施来保障青年的就业权益和促进青年的就业创业。同时，青年自身也需要不断提升自身的综合素质和适应能力以更好地适应市场需求的变化。

第十节　长期失业

一、定义

失业持续的时间愈长，情况也就愈严重。长期失业会引起严重的经济困难，特别是当失业津贴不存在或已用完时。较短时间的失业通常可通过失业补偿、存款以及在可能的情况下由家庭成员的帮助来解决。长期失业在发展中国家一般不被视为一个重要指标，这些国家中的失业期限通常是较短的，因为缺乏失业补偿以及多数人不能长时间没有工作。因此，该指标获取的大部分信息来自更发达的国家。长期失业指标所作的一个基本假定是，一整年或更长时间的失业期，因此应该给予特别的重视。长期失业的两项单独的测量标准包括：（a）失业一年及以上人员在劳动力中所占的百分比；（b）失业一年及以上人员在失业人员总数中所占的百分比。所有关于失业期限的数据均来自于家庭调查。

长期失业是一个经济学和社会学上的概念，它指的是个体在劳动力市场上持续一段时间未能找到工作的状态。具体来说，长期失业一般是指失业周期在六个月以上的情况。这种失业状态对失业者个人、家庭以及整个社会都可能产生深远的影响。

1. 长期失业的特点

长期失业意味着失业状态已经持续了一段时间，通常是六个月或更长时间。这种持续性使得失业者更难以重新进入就业市场。长期失业不仅会导致失业者个人经济来源的中断，还可能对其心理健康、社会地位和家庭关系产生负面影响。同时，它也会增加社会的不稳定因素，如贫困、犯罪率上升等。

2. 长期失业的原因

长期失业的原因是多方面的，主要包括：一是经济因素。经济衰退、产业结构调整、技术进步导致的劳动力需求变化等都可能导致长期失业。例如，某些行业可能因为技术进步而减少了对劳动力的需求，从而导致该行业的工人失业并难以在其他行业找到工作。二是个人因素。个人的技能水平、教育程度、工作经验以及求职意愿等也可能影响其是否面临长期失业。技能不匹配、缺乏必要的资格证书或工作经验不足都可能导致失业者难以找到合适的工作。三是制度因素。劳动力市场的制度设计也可能对长期失业产生影响。例如，失业保险制度的完善程度、职业培训机会的多少以及就业服务的有效性等都可能影响失业者重新就业的速度和成功率。

3.长期失业的应对策略

针对长期失业问题，政府、社会和个人都可以采取一系列措施来应对：一是政府可以加大对失业者的职业培训和再教育投入，提高其技能水平和就业竞争力；同时，也可以通过减税降费、提供创业贷款等政策措施来鼓励企业吸纳失业人员就业或支持失业者自主创业。二是社会各界可以加强就业信息的共享和传递，为失业者提供更多的就业机会和求职渠道；同时，也可以通过志愿服务等方式为失业者提供心理支持和帮助。三是失业者自身也需要积极应对失业带来的挑战，如提升自身技能水平、拓宽求职渠道、调整求职心态等。同时，也可以利用失业保险等社会保障制度来保障自己的基本生活需求。

二、我国长期失业情况

长期失业在我国是一个值得关注的社会问题。近年来，随着经济结构调整、产业升级以及技术进步，部分行业和岗位对劳动力的需求发生了变化，导致部分劳动者面临长期失业的风险。此外，全球经济环境的变化和不确定性也对我国就业市场产生了一定影响。

1.现实状况

根据国家统计局的数据，虽然官方并未直接给出长期失业的具体数字，但可以通过城镇调查失业率等指标来间接反映就业市场的整体情况。例如，2024年以来，全国城镇调查失业率经历了波动，年初时受多种超预期因素影响，就业压力显著加大，政策持续发力，就业形势自5月起总体改善。但是青年失业问题尤为突出，16至24岁青年人的失业率持续高企，反映出这一群体在就业市场上的巨大压力。这也可能意味着部分青年人群面临长期失业的风险。行业与群体差异也比较明显。部分传统行业如制造业、零售业等因受技术进步和市场竞争的影响，部分岗位被替代或缩减，导致相关行业劳动者面临失业风险。青年群体和农民工群体是长期失业的高发人群。青年群体由于工作经验不足、技能与市场需求不匹配等原因，在就业市场上往往处于劣势地位；而农民工群体则因受户籍制度、教育水平等因素限制，在城市就业中面临诸多困难。

2.长期发展趋势

一是源于经济结构调整与产业升级。随着我国经济结构的进一步调整和产业升级的推进，部分传统行业将逐渐衰退，而新兴产业如高新技术产业、战略性新兴产业和现代服务业等将快速发展。这将导致劳动力市场的需求和结构发生深刻变化，对劳动者的技能水平和综合素质提出更高要求。二是源于技术进步与就业形态变化。技术进步将推动就业形态的变化，灵活就业、远程工作、网络平台等新就业形态将继续发展。这些新就业形态为劳动者提供了更多的就业选择和机会，但同时也要求劳动者具备更高的适应性和创新能力。三是源于政策支持与就业服务。政府将继续实施就业优先政策，通过财税、金融等政策支持稳就业。同时，加强职业技能培训和教育体系建设，提高劳动者的职业素质和就业能力。此外，完善公共就业服务平台和就业市场监管机制也将有助于促进就业市场的健康发展。四是源于社会保障与失业救助。随着社会保障体系的不断完善和失业救助制度的健全，长期失业者将能够获得更多的社会保障和失业救助支持。这将有助于缓解他们的经济压力和心理负担，并为其重新就业提供有力保障。

第十一节　按受教育程度划分的失业

一、定义

按受教育程度划分的失业指标对制定就业和教育政策有着重要意义。通过使失业人员的现有教育和技术水平问题得到重视，这些数据可有助于提高失业人员培训计划的效力或有助于制定创造就业的计划。

按受教育程度划分的失业是指各受教育程度的失业人员在失业人员总数中的比例。这一指标是衡量不同教育水平人群在劳动力市场中失业状况的重要工具。

在国际上，受教育程度通常被划分为多个等级，以便对不同教育水平的失业情况进行详细分析。这些等级可能包括少于1年（X级）、低于初等（0级）、初等（1、2级）、中等（3、4级）、高等（5、6、7级）以及未定义的教育水平（在某些分类中可能是8级或9级）等。然而，具体的划分标准可能因不同的研究或统计机构而有所差异。

通过按受教育程度划分失业，可以揭示出不同教育水平人群在就业市场上的相对位置和竞争力。例如，如果高等教育程度的失业比例较高，可能表明当前劳动力市场对高学历人才的需求与供给之间存在不匹配，或者高等教育体系与市场需求之间的脱节。

此外，这一指标还可以为政策制定者提供有价值的参考信息。通过分析不同教育水平的失业情况，政策制定者可以更加精准地制定就业政策、教育政策和培训政策等，以促进劳动力的有效配置和充分就业。需要注意的是，按受教育程度划分的失业数据可能受到多种因素的影响，包括数据收集方法的准确性、统计口径的一致性以及劳动力市场的整体状况等。因此，在解读和使用这些数据时，需要谨慎考虑这些因素可能对结果产生的影响。

二、我国按受教育程度划分的失业状况

1.现状分析

一是关于失业者受教育程度分布。目前，我国失业者的受教育程度分布呈现出多样化的特点。一般来说，失业者中可能包括各个教育层次的人群，但具体比例可能因地区、行业、经济周期等因素而异。根据一些研究

和报告，我们可以大致了解失业者教育程度的一些趋势：初中及以下教育程度这部分人群在失业者中占有一定的比例，他们可能由于技能水平较低、就业竞争力较弱而面临较大的就业压力。高中及中专教育程度这部分人群也是失业者中的重要组成部分，他们可能具备一定的职业技能，但在某些行业或岗位中可能面临就业困难。虽然大专及以上教育程度高学历人群在整体就业市场中相对具有优势，但在某些特定时期或行业，如经济下行期或某些新兴行业尚未成熟时，也可能出现失业现象。特别是近年来，随着高校扩招和就业市场的变化，部分大专及以上毕业生也面临一定的就业压力。

二是关于青年失业与教育程度的关系。在青年失业问题中，教育程度往往是一个重要的影响因素。青年失业者中，不同教育程度的群体可能面临不同的就业挑战：对于高学历青年来说，虽然他们通常具备较高的知识和技能水平，但在某些行业或岗位中可能面临过度竞争或就业门槛过高的问题。此外，部分高学历青年可能因就业期望与市场需求不匹配而难以找到合适的工作。对于低学历青年来说，这部分人群可能由于技能水平有限、就业竞争力较弱而面临更大的就业压力。他们可能更难以适应市场需求的变化，从而陷入长期失业的困境。

2. 长期发展趋势

一是取决于教育与就业关系的演变。随着我国经济结构的转型和产业升级的加快，教育与就业之间的关系也在发生深刻变化。一方面，高等教育普及程度的提高使得更多青年获得了接受高等教育的机会，从而提高了他们的就业竞争力；另一方面，市场对高技能人才的需求也在不断增加，这为高学历青年提供了更多的就业机会。然而，这也可能导致部分低技能劳动力面临更大的就业压力。

二是取决于产业结构调整对失业的影响。未来，我国将继续推进产业结构调整和优化升级，这将对就业市场产生深远影响。一方面，新兴产业的发展将创造大量新的就业机会，特别是对于那些具备高技能和创新能力的青年来说；另一方面，传统产业的转型升级也可能导致部分低技能劳动力面临失业风险。因此，加强职业教育和技能培训，提高劳动力的整体素质和技能水平，将是应对未来就业市场变化的重要措施。

三是必须重视政策建议。为了应对按受教育程度划分的失业问题及其长期发展趋势，政府和社会各界可以采取以下措施：加强职业教育和技能培训，针对不同教育程度的群体，提供有针对性的职业教育和技能培训，提高他们的就业竞争力和适应能力。促进产业升级和转型，加快产业结构调整和优化升级，推动新兴产业的发展和传统产业的转型升级，创造更多高质量的就业机会。完善就业服务体系，建立健全的就业服务体系，为失业者提供就业咨询、职业介绍、技能培训等全方位的服务和支持。加强政策引导和扶持，制定有利于就业的政策措施，如税收优惠、创业扶持等，鼓励企业吸纳就业和劳动者自主创业。

第十二节　与工作时间相关的不充分就业

一、定义

与工作时间相关的不充分就业是一种最明显的可测定的不充分就业形式，即指工作量不足。该指标对于改善与就业相关问题的描述和对于评估经济生产过程中可利用人力资源的程度以促进充分就业都是重要的。这种指标对于设计和评估就业、收入和社会计划也能提供启示。该指标包括两个百分比测定：与工作时间相关的不充分就业占劳动力的百分比和占失业总人数的百分比。

二、我国与工作时间相关的不充分就业研究

我国与工作时间相关的不充分就业研究是一个涉及劳动力市场效率、劳动者权益及社会经济发展的重要议题。

1. 定义与背景

不充分就业是指有就业愿望和能力的劳动年龄段男子和妇女不能充分得到有报酬的、自由选择的、生产性就业的就业水平。在我国，不充分就业不仅表现为劳动力资源利用不充分，还体现在劳动力的工作时间未能达到其期望或潜在的工作能力水平。

2. 我国不充分就业的现状

虽然没有直接给出全国平均不充分就业率的具体数字，但根据相关研究，我国劳动力的不充分就业率水平不低。这表明有大量劳动者虽然处于就业状态，但其工作时间或工作性质并未能充分发挥其潜力。在我国，不充分就业的一个显著表现是劳动者的实际工作时间低于其期望或潜在的工作能力所需时间。这可能是由于多种原因造成的，如企业需求不足、工作制度限制、劳动者技能与岗位不匹配等。

3. 与工作时间相关的不充分就业研究

国家统计局等权威机构会定期发布关于劳动力工作时间的数据。这些数据为分析不充分就业提供了重要依据。例如，通过比较不同行业、不同职业群体的平均工作时间，可以揭示出哪些领域存在更严重的不充分就业问题。学者们对影响不充分就业的因素进行了深入研究。其中，工作时间作为衡量劳动力利用效率的重要指标之一，被广泛关注。研究发现，经济增长、产业结构、企业规模、劳动法规等因素都会对劳动者的工作时间产生影响，进而影响到不充分就业的程度。针对不充分就业问题，学者们提出了多项政策建议。其中包括优化工作制度、提高劳动者技能水平、加强劳动力市场匹配机制建设等。这些措施旨在通过提高劳动力的使用效率来

减少不充分就业现象的发生。随着我国经济的持续发展和产业结构的不断优化升级，未来不充分就业问题有望得到缓解。然而，这也需要政府、企业和劳动者共同努力，通过加强政策引导、完善市场机制、提高劳动者素质等措施来推动劳动力市场的健康发展。

综上所述，我国与工作时间相关的不充分就业研究是一个复杂而重要的议题。通过深入分析不充分就业的现状、原因和影响因素，我们可以为制定更加有效的政策措施提供有力支持，从而推动劳动力市场的健康发展和社会经济的持续繁荣。

第十三节　非经济活动率

一、定义

非经济活动率的定义是指既不工作也不寻找工作的人（即处于劳动力队伍之外），占"黄金年龄段"即25—54岁人口的比例来表示。这一年龄组的人一般都期望加入到劳动力行列，因而该指标的好处就在于揭示为何这类潜在的劳动力退出劳动力的原因（如果了解的话）。因为他们通常已接受完了教育但尚未到退休年龄。在黄金年龄段范围内的非经济活动率能对某个国家创造就业能力的欠缺提供一些启示。应该指出，关于黄金年龄段劳动者非经济活动率的指标与该年龄组劳动力参与率相加，总数应是100%。该指标在用于国别情况比较时很有用处：黄金年龄段人口中非经济活动率低的国家表明正在以很高的比率提供市场活动。相应地，男性非经济活动率相对较高可能反映出一个国家的社会结构状况，表明可能有各种类型的内部动荡——比如说，犯罪发生率高或大规模贫困。妇女中的非经济活动率高很能说明一个国家的社会风俗和对从业妇女的态度。

非经济活动率是指退出劳动力的工作年龄人口的比率，它是劳动力参与率的反面比率。具体来说，非经济活动人口是指在劳动年龄内，有劳动能力但未参加且不要求参加社会经济活动的人口，这包括在校学生、待学人员、离退休未再就业人员、家务劳动者以及无就业愿望的其他人员。非经济活动率指标能够补充说明劳动力参与率，尤其是特殊性别和年龄群体的劳动力参与率。

在统计上，非经济活动率与劳动力参与率密切相关，两者的计算结果加起来应等于100%，代表总人口（通常指15岁以上的人口）中劳动力和非经济活动人口的分布情况。然而，这个指标在一定程度上比劳动力参与率更为复杂，因为它涵盖了更广泛的人群，而不仅仅是青壮年工人。

非经济活动率的计算和分析对于理解劳动力市场的动态、制定相关政策和规划具有重要意义。例如，高非经济活动率可能表明劳动力市场存在某些问题，如就业机会不足、劳动力技能与市场需求不匹配等。通过深入分析非经济活动人口的构成和原因，可以为政策制定者提供有价值的参考信息，以便采取有针对性的措施来促进劳动力市场的健康发展。

此外，非经济活动率也是国际比较中常用的一个指标。不同国家和地区的非经济活动率可能存在差异，这反映了它们在经济结构、社会制度、文化传统等方面的不同特点。通过比较不同国家和地区的非经济活动率，可以深入了解它们之间的差异和相似之处，为国际合作和交流提供有益的参考。

总的来说，非经济活动率是一个重要的经济指标，它反映了劳动力市场中非经济活动人口的规模和比例。通过深入分析和研究这一指标，可以更好地理解劳动力市场的动态和趋势，为政策制定和规划提供有力的支持。

二、我国非经济活动率的情况及其长期发展趋势

非经济活动率并不是一个官方或广泛使用的经济指标，在标准的经济

统计中，我们更常看到劳动力参与率、失业率等指标。为了回答这一问题，我们可以从相关概念出发，结合中国经济和社会发展的实际情况进行分析。

1. 我国非经济活动率的基本情况

由于非经济活动率不是标准经济指标，直接获取其数据可能较为困难。但我们可以从劳动力参与率、失业率等相关指标中推测非经济活动人口的规模和比例。在我国，劳动力参与率一直保持在较高水平，但近年来也面临一些挑战，如人口老龄化、青年失业率上升等问题，这些都可能间接影响非经济活动率。

2. 长期发展趋势

随着我国人口老龄化的加剧，退出劳动力市场的老年人口将逐渐增加，这可能导致非经济活动率上升。同时，老龄化也将对劳动力市场产生深远影响，如劳动力供给减少、技能短缺等问题。青年失业率也是影响非经济活动率的重要因素之一。如果青年就业问题得不到有效解决，将有大量青年人口处于非经济活动状态。因此，政府和社会应加强对青年就业的支持和引导。提高劳动力的教育水平和技能水平是降低非经济活动率的有效途径。通过加强职业教育和培训，提高劳动力的就业能力和适应能力，有助于减少非经济活动人口。完善的社会保障制度可以为非经济活动人口提供一定的生活保障，减轻其经济压力。同时，社会保障制度的完善也有助于提高劳动力参与率，降低非经济活动率。随着我国经济结构的调整和转型升级，一些传统产业可能面临淘汰或转型，这将导致部分劳动力失业或退出劳动力市场。然而，新兴产业的发展也将创造更多的就业机会，有助于降低非经济活动率。

综上所述，我国非经济活动率的情况及其长期发展趋势受到多种因素的影响。为了降低非经济活动率并提高劳动力参与率，需要政府、社会和个人共同努力采取一系列措施来应对挑战并促进经济发展和社会进步。

第十四节　受教育程度与文盲

一、定义

　　劳动力市场业绩和国家竞争力的一个日益重要的方面是劳动力的技能水平。接受教育和掌握技术是参与全球经济竞争和利用迅速变化的技术进步的必要条件。有关教育的数据可从国际资料来源获得，这是目前关于现有技能水平的最完备的数据。由于有了按受教育程度划分的失业的这一指标，因此此处指标是根据国际教育标准分类展示的信息，受教育程度数据是按以下教育类别列出的：不足一年、不足小学水平、小学水平、中等教育水平、高等教育水平。本指标侧重于劳动力和人口中各种教育水平的人口百分比分布，并侧重于25—29岁年轻工人这一群体的教育程度。关于年轻人这一群体的统计资料可使人们更清楚地了解一个国家教育水平的近期变化。

　　受教育程度与文盲是两个相对独立但又相互关联的概念。受教育程度是用来描述一个人接受过多少正式的教育或者接受过多少正式的学习机会的概念。它通常包括教育背景、学历、学习经历、教育成就等方面。一个人的受教育程度不仅取决于他是否曾经进过学校，还与他所获取的知识和技能、思维能力以及自我学习能力等相关。正式教育：如小学、初中、高中、大学等阶段的教育，是受教育程度的重要组成部分。非正式学习：如阅读书籍、自学、参加工作学习等形式，也可以视为受教育的一种。

　　文盲是指没有接受过任何形式的学校教育，不具备基本的读写能力，无法完成日常生活中基本的文字交流和书面表达任务的人。按照我国的标准，文盲通常指的是年满十五周岁以上的文盲、半文盲公民。随着时代变迁，文盲的界定也在不断变化。联合国重新定义的新世纪文盲标准包括三类：不能读书识字的人、不能识别现代社会符号（如地图、曲线图等）的人、不能使用计算机进行学习、交流和管理的人。

二、我国劳动力市场受教育程度分析

我国劳动力市场的受教育程度是衡量国家人力资源质量的重要指标之一。近年来，随着教育的普及和经济发展水平的提高，我国劳动力市场的受教育程度显著提升，对劳动力市场的结构、就业机会以及经济发展产生了深远影响。

1. 受教育程度现状

一是整体受教育水平提高。根据统计数据，全国劳动力人口中高中及以上受教育程度人口占比从 2001 年的 19.4% 上升到了 2023 年的 44.0%，其中城镇从 36.1% 上升到了 57.4%，乡村从 8.2% 上升到了 22.4%。大专及以上受教育程度人口占比也从 2001 年的 4.9% 上升到了 2023 年的 23.2%，显示出高等教育普及率的显著提高。二是教育回报率变化。随着高等教育的扩招，教育对于收入增长的回报率也呈现下降趋势。这主要是由于低教育水平的老龄人口退出劳动力市场，而新增劳动力人口的预期教育程度较高导致收入亦较高。同时，教育回报率还受到教育质量及劳动力市场供需结构变化的影响。三是性别与城乡差异。截至 2020 年，城镇男性劳动力的平均受教育年限为 11.53 年，女性为 11.61 年；乡村男性为 9.30 年，女性为 9.06 年。显示出城镇与乡村、男性与女性之间在教育程度上的差距正在逐渐缩小。然而，平均受教育程度的城乡差异仍未得到明显改进。

2. 受教育程度对劳动力市场的影响

随着科技的发展和产业结构的变革，劳动力市场对高技能和知识型劳动力的需求不断增加。教育对劳动力的培养和塑造直接影响着劳动力的就业和发展机会。例如，在信息技术、人工智能等新兴领域，对具备高级技术能力和创新能力的劳动者需求旺盛。高等教育的普及使得劳动力中大学生的比例增加，改变了劳动市场的结构。大量高等教育毕业生的涌入既给劳动力市场带来了竞争压力，也为创新和知识经济提供了源源不断的人才。教育水平的提高有助于劳动力更好地适应市场需求的变化。通过不断学习和提升技能，劳动者能够增强自身的竞争力和适应能力，从而在就业市场中占据更有利的位置。

3. 未来发展趋势

继续提高教育水平。随着国家对教育事业的持续投入和改革深化，中国劳动力市场的整体受教育水平有望进一步提高。针对不同行业和地区的需求变化，优化教育结构将成为未来发展的重要方向。加强职业教育和技能培训力度将有助于提高劳动力的专业技能和就业能力。缩小城乡、区域和性别之间的教育差距将是未来教育发展的重要任务之一。通过政策支持和资源倾斜等措施促进教育公平将有助于提升整体劳动力市场的质量和效率。

第十五节　制造业实际工资指数

一、定义

工资统计是广泛用来测定工人一般工资水平的一种尺度。这类数据常常用来制定、实施和监测经济政策，更具体地说，可用于处理诸如人力资源计划、劳动力利用、工资确定、社会保障和劳动成本等劳动问题。这一指标涵盖了制造业实际工资（尽管事实是制造业活动中的有薪就业在各地区和不同时期并不总是同等重要）。本指标利用了两个主要工资指数来源，目的是扩大涵盖范围。

制造业实际工资指数，又称为"实际收入指数"，是反映制造业职工在不同时期取得的货币工资（或称名义工资）额所能购买的实物商品与劳务商品的数量增减变动的经济指数。这一指数对于理解制造业工人的购买力水平、生活水平以及劳动力市场状况具有重要意义。

制造业实际工资指数的计算通常涉及以下步骤：确定报告期职工平均工资。首先，需要统计制造业职工在某一特定时期（如一年）内的平均工资水平。同时，需要获取同一时期内城镇居民的消费价格指数，以反映物价水平的变动情况。职工平均实际工资指数＝（报告期职工平均工资指数／报告期城镇居民消费价格指数）×100% 这里，职工平均工资指数和城镇居民消费价格指数通常都以某一基期（如上一年或某一固定年份）为100进行标准化处理。

其意义与作用，一是反映生活水平。制造业实际工资指数的高低直接反映了制造业职工的生活水平。当指数上升时，说明职工的实际购买力增强，生活水平提高；反之则下降。二是指导政策制定。政府和相关机构可以通过分析制造业实际工资指数来评估劳动力市场的健康状况和工人的福利状况，从而制定相应的政策措施来保障劳动者的权益和促进经济发展。三是分析经济趋势。制造业实际工资指数还可以作为分析经济趋势的重要工具。例如，它可以与制造业生产指数、就业率等经济指标相结合，来评估经济增长的动力和可持续性。

二、我国制造业实际工资指数的情况及其长期发展趋势

1.总体水平

根据公开发布的数据，我国制造业的实际工资水平在近年来呈现稳步增长的态势。然而，由于实际工资指数通常涉及复杂的计算过程，包括考虑物价变动对货币工资购买力的影响，因此具体的指数数值可能难以直接获取。但可以从制造业职工的平均工资水平和消费价格指数等数据中推断

出其大致趋势。

2.行业差异

不同制造业行业的实际工资水平存在显著差异。高技术制造业、航空航天制造、电子及通信设备制造等行业由于技术含量高、附加值大，其职工的实际工资水平往往较高。而一些传统制造业或劳动密集型行业，其实际工资水平可能相对较低。

3.地区差异

我国制造业的实际工资水平还受到地区经济发展水平的影响。东部沿海地区由于经济发达、产业集聚度高，其制造业的实际工资水平普遍高于中西部地区。同时，一些中西部地区的制造业也在快速发展，带动了当地实际工资水平的提升。

4.长期发展趋势

随着我国经济的持续发展和产业结构的不断优化升级，制造业的实际工资水平有望继续保持增长态势。这主要得益于以下几个方面：一是制造业生产效率的不断提高，降低了生产成本，为工资增长提供了空间；二是劳动力市场的供求关系变化，随着人口红利的逐渐消失，劳动力成本上升成为必然趋势；三是政府政策的支持，如提高最低工资标准、加强劳动保障等，都将有助于推动制造业实际工资水平的提升。未来，我国制造业的实际工资水平将呈现更加明显的行业分化趋势。高技术制造业、战略性新兴产业等高端制造业领域将继续保持较高的工资增长水平，而一些传统制造业或低附加值产业则可能面临工资增长乏力的困境。这种分化趋势将促进制造业的转型升级和高质量发展。随着中西部地区经济的快速发展和基础设施的不断完善，未来中国制造业的实际工资水平将呈现更加均衡的发展态势。中西部地区将逐渐成为制造业的重要增长极，带动当地实际工资水平的提升。同时，东部地区也将通过产业升级和转型发展，保持其制造业的竞争优势和工资增长动力。

第十六节　劳动生产率与单位劳动成本

一、定义

生产率和单位劳动成本与小时补偿费用结合使用，构成评估一国劳动力市场国际竞争力的一系列重要手段。通过对生产率的测量还有助于了解劳动力市场的效率如何影响生活水准。有两种测量的计算。第一，劳动生产率或单位劳动投入的产出表明的是工商部门或制造业部门小时产出率的趋向。第二，被界定为小时补偿费用，对每小时产出之比的单位劳动成本，是成本竞争力的一项标准，作为一项指标，它与生产大多数可在国际上进行贸易的产品的制造业以及产出创造中的劳动成本份额均有关系。生产率代表了每个单位投入的产出量。为此，产出被界定为"附加值"，即总产值减去直接投入，如原料、半成品和能源投入等。为了比较跨国家的劳动力生产水平，有必要以购买力平价为基础把总增加值转换为美元。单位劳动成本被界定为总产出增加值的单位劳动补偿。对整个劳动补偿的测定不仅应包括雇员的总工资，还包括雇主支付的部分雇员劳动成本，包括雇主缴纳的社会保障和年金计划费用。单位劳动成本是根据四种不同的测量加以计算的。

劳动生产率的高低受多种因素影响，主要包括劳动者的平均熟练程度、科学技术的发展水平及其在生产中的应用程度、生产过程的社会结合（分工协作、劳动组织、生产管理）形式、劳动对象的状况以及自然条件等。而单位劳动成本是衡量一个国家或产业成本竞争力的重要指标。当单位劳动成本上升时，意味着获得相同产出所需的人工耗费增加，这可能对成本竞争力构成威胁。因此，降低单位劳动成本是提高产业竞争力的关键途径之一。

二、我国劳动生产率和单位劳动成本的情况及其长期发展趋势

1.当前情况

一方面，我国的劳动生产率近年来持续提高，这主要得益于技术进步、产业升级和劳动力素质的提升。随着"中国制造"向"中国智造"的转变，高技术产业和战略性新兴产业的快速发展，以及数字化、智能化等先进技术的应用，我国的劳动生产率不断提升。另一方面，我国的单位劳动成本近年来有所上升，这主要是由于劳动力成本上升和劳动生产率增长相对滞后所致。然而，需要注意的是，单位劳动成本的上升并不一定意味着竞争力的下降，因为同时期劳动生产率的提升可以部分抵消成本上升的影响。

2.长期发展趋势

一方面，预计在未来一段时间内，我国的劳动生产率将继续保持增长态势。这主要得益于我国经济的高质量发展、创新驱动战略的深入实施以及产业结构的持续优化升级。不同行业之间的劳动生产率将呈现更加明显的分化趋势。高技术产业、战略性新兴产业等高端制造业领域将保持较高的劳动生产率增长水平，而一些传统制造业或低附加值产业则可能面临劳动生产率增长乏力的困境。随着中西部地区经济的快速发展和基础设施的不断完善，未来我国劳动生产率的增长将呈现更加均衡的发展态势。中西部地区将逐渐成为新的增长极，带动全国劳动生产率的整体提升。另一方面，预计在未来一段时间内，我国的单位劳动成本将呈现波动上升的趋势。这主要是由于人口老龄化、劳动力供给减少以及劳动力成本刚性上升等因素所致。然而，随着技术进步和劳动生产率的提升，单位劳动成本的上升速度可能会得到一定程度的控制。不同行业之间的单位劳动成本将呈现差异化的发展趋势。高技术产业、战略性新兴产业等高端制造业领域由于具

有较高的劳动生产率增长水平，其单位劳动成本可能相对较低；而一些传统制造业或低附加值产业则可能面临单位劳动成本上升较快的困境。政府将通过一系列政策措施来调控单位劳动成本的增长速度。例如，通过加强职业培训、提高劳动力素质、优化劳动力市场结构等方式来降低单位劳动成本；同时，通过加强社会保障体系建设、提高劳动力保障水平等方式来保障劳动者的合法权益和利益。

第十七节　贫困与收入分配

一、定义

当人们不能从其劳动中获得足够的收人以维持最低的生活水准时就可能导致贫穷。所以通常提高福利水平的最有效方法是通过教育和培训增加就业机会，提高劳动生产力。对一个国家穷人人数的估计，取决于选择哪种贫困界限标准。然而，如何确定最低基本需求的界限则是主观性的，并且因文化和国家优先事项不同而异。当涉及是否能够进行合理的国际比较时，定义上的不同就会造成困难。因此，本指标在国家贫困衡量标准之外提供了世界银行按美元计算的两条国际贫困线：分别为每人每天1美元和2美元。贫困差距被列为测定贫困程度的一种综合尺度。该指标还使用了基尼指数，因为它是一项测定收人（或支出）不平等程度的简便标准。

贫困与收入分配是两个紧密相关但又不完全相同的概念。贫困是一个多维度的概念，它不仅仅指物质上的匮乏，还包括能力、权利、教育、健康、安全等多方面的缺失。贫困可以指人们缺乏某些关键能力，导致没有充足的收入、教育、健康等，从而无法维持一种个人生理和社会文化可接受的生活水准。而收入分配是指社会成员在一定时期内从各种来源获得的货币或实物收入的总和，并按照一定的规则在社会成员之间进行分配的过程。反映社会成员之间收入分配的不均等程度。通常通过基尼系数、洛伦兹曲线等指标来衡量。

二、我国的反贫困与收入分配

我国精准扶贫的成就显著，通过一系列创新性的政策和措施，成功实现了农村贫困人口的大幅减少和贫困地区的整体脱贫。以下是其中的一些主要成就：2020年，我国现行标准下9899万农村贫困人口全部脱贫，832个贫困县全部摘帽，12.8万个贫困村全部出列，这是一个历史性的里程碑。显示了我国在减贫工作上的巨大成效。为了确保不发生规模性返贫，我国落实了防止返贫监测帮扶机制，持续加强产业和就业帮扶，并加大对重点地区的帮扶支持力度。这种机制的建立有助于及时发现和解决返贫问题，确保扶贫工作的可持续性。

在收入分配差距方面，虽然存在一定的挑战，但我国也在积极采取措施进行改善。例如，加大了对农村地区和贫困人口的帮扶力度，通过发展农村经济、提高农民收入等方式，逐步缩小城乡和地区之间的收入差距。同时，推动了教育、医疗等公共服务资源的均衡配置，为缩小收入分配差距创造了有利条件。然而，需要指出的是，收入分配差距的解决并非一蹴而就的事情，需要长期的努力和政策引导。在这个过程中，不仅需要政府的努力，也需要社会各界的共同参与和支持。

总的来说，我国在精准扶贫方面取得了显著的成就，同时也面临着缩小收入分配差距的挑战。然而，通过政府和社会的共同努力，相信可以逐步实现更加公平和合理的收入分配格局。

第十八节　按职业分列的就业和平均月工资

一、定义

按职业分列的就业和平均月工资是劳动经济学和统计学中的两个重要概念，它们分别反映了不同职业领域的就业状况和工资水平。

按职业分列的就业，顾名思义是指将就业人口按照其从事的职业类型进行分类统计，以揭示不同职业领域的就业状况、结构特征和变化趋势。这种分类有助于了解劳动力市场的供求关系、职业发展的前景以及政策制定的方向。通常根据国家标准或国际通行的职业分类体系进行划分。如我国的《职业分类大典》将职业分为八大类。1.国家机关、党群组织、企业、事业单位负责人，其中包括5个中类，16个小类，25个细类；2.专业技术人员，其中包括14个中类，115个小类，379个细类；3.办事人员和有关人员，其中包括4个中类，12个小类，45个细类；4.商业、服务业人员，其中包括8个中类，43个小类，147个细类；5.农、林、牧、渔、水利业生产人员，其中包括6个中类，30个小类，121个细类；6.生产、运输设备操作人员及有关人员，其中包括27个中类，195个小类，1119个细类；7.军人，其中包括1个中类，1个小类，1个细类；8.不便分类的其他从业人员，其中包括1个种类，1个小类，1个细类。而《国际标准职业分类（2008）》把职业分为10大类即：管理者；专业人员；技术和辅助专业人员；办事人员；服务与与销售人员；农业、林业和渔业技工；工艺和相关行业工；工厂、机械操作与装配工；初级职业；武装军人职业。然后通过劳动力调查、人口普查等方式收集数据，对就业人口的职业类型进行统计和分析。一般以表格、图表等形式展示不同职业的就业人数、占比等信息，为政策制定和学术研究提供依据。

而平均月工资是指一定时期内直接支付给单位全部职工的劳动报酬总额与月平均职工人数和月平均职工实际发放工资月数的比值。它反映了职工在一定时期内工资收入的高低程度，是反映职工工资水平的主要指标。

如果我们将按职业分列的就业和平均月工资结合起来分析，可以更加全面地了解劳动力市场的状况。例如，可以分析哪些职业的就业人数较多但平均月工资较低，这可能反映了这些职业的竞争激烈程度较高或技能水平要求较低；反之，哪些职业的就业人数较少但平均月工资较高，则可能反映了这些职业的技能门槛较高或市场需求较大。这种分析有助于政策制定者更加精准地制定相关政策，促进劳动力市场的平衡发展。

二、我国按职业分列的就业和平均月工资情况研究

我国按职业分列的就业和平均月工资情况受到经济发展、产业结构、政策调整等多种因素的影响。

1.按职业分列的就业情况

我国的就业结构随着经济发展和产业结构的调整而不断变化。一般来说，就业人口可以划分为多个职业类别，如管理人员、专业技术人员、生产工人、服务人员等。不同职业类别的就业人数和占比反映了劳动力市场的供求关系和职业发展的趋势。随着科技的发展和产业的转型升级，一些新兴职业如人工智能工程师、大数据分析师、云计算专家等逐渐兴起，吸引了大量就业人口。同时，一些传统职业如制造业工人、服务业人员等也面临着就业结构的调整和优化。

2.平均月工资情况

根据智联招聘等招聘平台发布的数据，我国不同职业的平均月工资存在较大差异。一般来说，高技术、高技能职业的平均月工资较高，而低技能、低门槛职业的平均月工资则相对较低。不同行业的工资水平差异显著，

如 IT、金融等行业通常具有较高的工资水平，而传统制造业、服务业等行业的工资水平则相对较低。同一职业在不同地区的工资水平也可能存在显著差异，东部沿海地区的工资水平普遍高于中西部地区。除了行业和地区因素外，个人的技能水平、工作经验、教育背景等也会对工资水平产生影响。以智联招聘发布的《2024 中国女性职场现状调查报告》为例，2024 年职场女性平均月薪为 8958 元，职场男性平均月薪为 10289 元。然而，这些数据并不能直接代表所有职业的平均月工资水平，因为不同职业之间的工资差异可能非常大。

第十九节　劳动力市场流动情况

一、定义

劳动力市场流动指标是衡量劳动力市场中人员流动情况的一系列指标，它们对于分析劳动力市场的动态、预测就业趋势、评估经济政策效果等方面具有重要意义。

所谓流动率是指一定时期内劳动力市场中人员流动的比例，可以反映劳动力市场的活跃程度和稳定性。流动率 =（一定时期内流入人数 + 流出人数）/ 平均员工人数 ×100% 高流动率可能意味着市场机会多、员工选择性强，但也可能导致企业培训成本增加、员工忠诚度下降等问题。

所谓员工增长率是指新增员工人数与原有企业员工人数的比例，反映了企业人力资源的增长速度。员工增长率 =（本期新增员工人数 / 上年同期员工人数）×100%。员工增长率可以与企业的销售额增长率、利润增长率等结合起来，反映企业在一定时期内的人均生产效率。所谓净人员流动率是指为补充离职人员所雇佣的人数与统计期平均人数的比例，反映了企业为保持员工队伍稳定所付出的努力。净人员流动率可以帮助企业评估招聘和留任策略的有效性。所谓自愿性离职率是指员工因个人原因（如寻求更好发展、家庭原因等）主动离职的比例；非自愿性离职率则是指企业因经济、绩效等原因解雇员工的比例。自愿性离职率可以反映员工的满意度和忠诚度，而非自愿性离职率则可能与企业的经济状况、管理策略等密切相关。所谓关键岗位员工离职率是指处于关键岗位而自愿离开企业的员工人数与统计期平均人数的比例。这一指标对于评估企业核心竞争力的保持和未来发展具有重要意义，因为关键岗位员工的流失可能会对企业造成重大损失。所谓内部变动率是指报告期内部门内部岗位调整、在某公司内部调动的人数同总人数的比例。内部变动率反映了企业内部的组织稳定性和员工职业发展机会，有助于企业了解员工流动的内部动因。

所谓员工晋升率是指在报告期内实现职位晋升的员工人数占总人数的比例。员工晋升率可以反映企业内部提升的情况，为改进员工发展通道、制定员工职业规划提供依据。按部门划分的就业流动，则反映不同部门间员工的流动情况，有助于分析行业发展趋势和就业结构变化。

二、我国劳动力市场流动情况

劳动力市场流动是经济活动中不可或缺的一部分，它反映了劳动力资源的配置效率和市场活力。

1.劳动力市场流动的主要特点

随着我国经济的持续发展和市场机制的完善，劳动力市场的流动性显著增强。劳动者在不同地区、不同行业、不同企业之间的流动变得更加频繁和便捷。我国劳动力市场流动以城乡流动为主，大量农村剩余劳动力向城市转移，成为城市经济发展的重要支撑。同时，城市内部的劳动力流动也日益活跃。随着产业结构的调整和升级，劳动力在不同行业间的流动日益明显。传统行业如制造业、农业等劳动力流出较多，而新兴行业如信息技术、金融服务等则成为劳动力流入的主要方向。劳动力流动越来越呈现出技能导向的特点。高技能人才在市场上的竞争力较强，流动机会较多；而低技能劳动力则面临较大的就业压力和流动限制。

2. 影响劳动力市场流动的因素

经济发展水平和产业结构是影响劳动力市场流动的主要因素。经济发展水平高的地区和行业对劳动力的需求较大，吸引了大量劳动力的流入。政府的就业政策、户籍制度、社会保障政策等也对劳动力市场的流动产生重要影响。例如，户籍制度的放宽促进了城乡劳动力的流动；社会保障制度的完善提高了劳动力的流动意愿。劳动者的年龄、性别、教育水平、职业技能等个人因素也影响其流动决策。例如，年轻、受过良好教育的劳动力更倾向于流动到发展机会更多的地区和行业。

尽管我国劳动力市场的流动性不断增强，但仍存在一些流动壁垒，如户籍制度、社会保障制度的不完善等，限制了劳动力的自由流动。我国劳动力市场存在一定程度的市场分割现象，城乡之间、不同行业之间、不同所有制企业之间的劳动力市场相对独立，影响了劳动力的有效配置。随着产业结构的升级和新兴产业的发展，高技能人才短缺与低技能人才过剩的矛盾日益突出，技能错配问题成为制约劳动力市场流动的重要因素。

总而言之，我国劳动力市场流动情况复杂多变，既面临挑战也充满机遇。为了促进劳动力市场的健康发展，建议政府进一步深化改革、完善政策、优化环境；企业加强人才培养和引进、提高管理水平；劳动者则不断提升自身素质和技能水平、积极适应市场变化。

本章参考文献：

［1］国际劳工组织.国际劳工与信息研究所译.劳动力市场主要指标体系 [M].中国劳动出版社，2001.

［2］杨宜勇.就业理论与失业治理 [M].中国经济出版社，2000.

［3］国际劳工组织.中国财政经济出版社组织翻译.劳动力市场关键指标（第九版）[M].中国财政经济出版社，2017.

［4］杨宜勇.中国转轨时期的就业问题 [M].中国劳动社会保障出版社，2002.

［5］李家华.国际青年就业与中国青年就业发展.广东青年研究 [J]，2024（1）.

［6］李宗泽，丁赛尔，殷宝明，涂伟.国外新就业形态的发展、问题及借鉴.中国劳动 [J]，2022（4）.

第三章　完善就业优先政策

2024 年 5 月 27 日，习近平总书记在中央政治局就促进高质量充分就业进行第十四次集体学习时的重要讲话指出，党的十八大以来，党中央坚持把就业工作摆在治国理政的突出位置，强化就业优先政策，健全就业促进机制，有效应对各种压力挑战，城镇新增就业年均 1300 万人，为民生改善和经济发展提供了重要支撑。习近平总书记提到，在实践中不断深化对新时代就业工作规律的认识，积累了许多经验，其中就有坚持实施就业优先战略。

第一节　持续完善就业优先政策

所谓就业优先政策是指将就业作为经济社会发展的优先目标，通过一系列的政策措施来促进就业稳定增长、实现劳动力市场的供求平衡、提高就业质量，并促进全体劳动者的全面就业和持续发展。以下是对就业优先政策的具体阐述：

一、我国就业优先政策的发展历程

许多国家都认识到就业对于社会稳定和经济发展的重要性，并采取相

应的政策措施来促进就业。但是，在我国就业优先政策的发展和实施具有
显著的特点和成效。我国的就业优先政策的发展经历了多个阶段，并逐渐
形成了具有中国特色的政策体系。以下是几个关键节点：

就业优先政策在我国的发展可以追溯到上世纪末。随着经济社会的快
速发展和就业问题的日益凸显，我国开始重视就业工作，并将其放在经济
社会发展的重要位置。2003 年初，党中央开始采纳就业优先的意见，将就
业放在经济社会发展"更加突出位置"。2008 年汶川大地震和国际金融危机
进一步推动把就业工作摆上"更加突出位置"。2009 年 12 月初，中央经济
工作会议把促进就业放在经济社会发展优先位置，确立了"就业优先"目
标。2010 年 10 月，党中央在《关于制定国民经济和社会发展第十二个五年
规划的建议》中明确，将就业优先作为我国社会经济发展的战略，即"就
业优先战略"。2018 年，中央经济工作会议提出"实施就业优先政策"，标
志着我国就业优先的地位不管是战略层面还是政策层面都予以了明确。

特别是进入新时代，我国通过一系列政策措施来推动就业优先战略的
实施，包括财政、税收、金融、产业、教育等多方面的支持。例如，财政
公共投资向小企业和劳动密集型产业倾斜，财政支出逐步向结构性减税和
民生倾斜；实行更加有利于促进就业的税收优惠政策；积极鼓励和引导金
融机构对劳动者创业和组织起来就业的提供小额担保贷款等金融服务；制
定实施有利于就业的产业投资政策和人力政策等。

在中国共产党的坚强领导下，我国就业规模显著扩大、就业结构不断
优化、公共就业服务水平大幅提升。特别是党的十八大以来，面对错综复
杂的国内外形势，我国坚持把就业作为最大的民生，在提高就业质量和人
民收入水平上取得积极进展。数据显示，我国就业规模从 1949 年末的 1.8
亿人增加到 2020 年的 7.5 亿人。城镇新增就业连续多年保持在高位水平，
城镇登记失业率长期保持在较低水平。

二、关于就业优先政策的目标

1.致力于促进就业稳定增长

通过政策支持和市场环境优化，创造更多的就业机会，帮助劳动者实现就业，从而稳定社会经济秩序，提高人民群众的生活水平。

促进就业稳定增长是指采取一系列政策、措施和行动，以创造更多的就业机会，提高就业质量，并确保就业形势在较长时期内保持稳定、持续向好的发展态势。具体来说，促进就业稳定增长包括以下几个方面的内涵：

首先，要增加就业岗位的数量。这可以通过推动经济持续增长，特别是鼓励发展新兴产业、服务业和小微企业，来吸纳更多的劳动力。其次，要注重提升就业质量。这意味着不仅要提供工作岗位，还要保障劳动者的工资待遇、工作环境、职业发展机会、劳动权益等方面达到一定的标准。第三，要加强就业的稳定性。减少临时性、季节性就业，增加长期、稳定的就业机会，降低失业率和失业周期。第四，关注不同群体的就业需求，特别是重点群体，如高校毕业生、农民工、退役军人、残疾人等，为他们提供有针对性的就业支持和服务。最后，要不断优化就业结构，使之与经济结构调整和产业升级相适应，提高劳动力在不同行业和领域的配置效率。

2.致力于实现劳动力市场供求平衡

通过调整和优化就业结构，使劳动力市场的供给和需求达到平衡，降低结构性失业风险。这包括加强职业教育和培训，提高劳动者的技能素质，以满足不同行业和岗位的需求。

实现劳动力市场供求平衡，指的是在特定的经济和社会环境中，劳动力的供给与需求在数量、质量、结构和地域分布等方面达到相对一致和协调的状态。

从供给方面来看，包括劳动力的总量，即处于劳动年龄且有劳动能力和就业意愿的人口数量；劳动力的素质和技能水平，例如教育程度、专业技能、工作经验等；以及劳动力的地域分布，即劳动力在不同地区的分布情况。从需求方面而言，涉及经济发展所产生的对劳动力的需要量，包括不同行业、不同企业、不同岗位对劳动力的数量和技能要求；还有产业结构调整和技术进步带来的劳动力需求变化。

当劳动力供给与需求在上述各方面达到平衡时，意味着市场上既没有劳动力过剩导致的失业现象，也没有劳动力短缺导致的用工荒问题。这有助于提高劳动资源的利用效率，促进经济的稳定增长，保障劳动者的就业权益，实现社会的和谐稳定发展。然而，在现实经济中，由于多种因素的影响，如经济周期波动、技术进步、政策调整、人口结构变化等，劳动力市场供求完全平衡的状态往往难以长期维持，通常是在动态变化中不断趋近平衡。

3.致力于提高就业质量

密切关注劳动者的薪资待遇、工作环境、职业发展空间等，促进高质量就业，使劳动者能够分享经济发展的成果，实现劳动价值的最大化。

提高就业质量是一个综合性的概念，它涵盖了多个方面的内容：从工作本身来看，包括工作的稳定性、安全性、工作环境的舒适度等。稳定的工作意味着劳动者不必频繁面临失业风险；良好的工作环境能保障劳动者的身心健康。在薪酬待遇方面，不仅是工资水平的高低，还包括福利待遇的完善程度，如五险一金、带薪休假、奖金分红等。职业发展机会也是关键因素，包括晋升渠道的畅通、培训和学习的机会，以促进劳动者个人能力的提升和职业成长。工作与生活的平衡同样重要，如合理的工作时间、较少的加班和压力，使劳动者能够在工作之余享受生活、照顾家庭。此外，就业质量还体现在劳动关系的和谐程度上，劳动者的权益能否得到充分保障，以及劳动者对工作的满意度和成就感等方面。

4.致力于促进全面就业和可持续发展

通过完善就业政策体系，支持创新创业，鼓励各类劳动者参与就业，特别是支持青年、农民工、残疾人等重点群体的就业。同时，推动经济的可持续发展，为劳动者提供更多的就业机会和更好的职业发展前景。

促进全面就业和可持续发展是一个非常重要的经济和社会目标。全面就业意味着社会中的大多数劳动力能够获得工作机会，不仅包括数量上的充分就业，还涵盖了就业的多样性和公平性。即不同年龄、性别、学历、技能水平的人群都能在适合自己的岗位上就业，减少就业歧视和就业不平等现象。可持续发展则着重于就业的长期性和稳定性。它要求创造的就业机会不仅是当下的，还应具有可持续性，能够适应经济结构调整、技术进步和社会发展的变化。促进全面就业和可持续发展，需要政府制定积极的就业政策，加强劳动力市场的监管和调控，优化教育和培训体系以提高劳动者素质和技能，推动产业升级和创新创造更多高质量的就业岗位，完善社会保障体系以增强就业的稳定性和安全性。

三、关于就业优先政策的措施

一要优先发展吸纳就业能力强的行业、产业、企业。如服务业、数字经济领域等，这些领域通常具有较高的就业弹性和增长潜力。

二要支持中小微企业和个体工商户持续稳定发展。中小微企业和个体工商户是吸纳就业的重要力量，通过提供税收优惠、贷款支持等措施，帮助其稳定经营和扩大就业。

三要强化财政、货币、投资、消费、产业、区域等政策支持就业的导向。实现与就业政策的协同联动，形成促进就业的综合效应。

四要加强职业教育和培训。提高劳动者的技能素质，满足市场需求，降低失业风险。鼓励各类培训机构参与培训，个人自愿培训并享受"先垫后补"的补贴政策。

五要优化就业服务。建立健全就业服务体系，提供全方位、精准化的就业服务，如岗位归集和发布、招聘会、直播带岗等，提高人岗匹配效率。

六要支持创业带动就业。通过创业孵化基地建设、创业指导、资金扶持等措施，鼓励创业者创办企业并带动更多人就业。

四、关于就业优先政策的法律依据

目前，就业优先政策的法律依据主要包括《中华人民共和国就业促进法》等相关法律法规。法律要求国务院建立全国促进就业工作协调机制，研究就业工作中的重大问题，协调推动全国的促进就业工作。国务院劳动行政部门具体负责全国的促进就业工作。省、自治区、直辖市人民政府根据促进就业工作的需要，建立促进就业工作协调机制，协调解决本行政区域就业工作中的重大问题。县级以上人民政府有关部门按照各自的职责分工，共同做好促进就业工作。国家倡导劳动者树立正确的择业观念，提高就业能力和创业能力；鼓励劳动者自主创业、自谋职业。各级人民政府和有关部门应当简化程序，提高效率，为劳动者自主创业、自谋职业提供便利。上述这些法律法规为政策制定和实施提供了法律保障和依据。

五、深圳福田的经验

以下是深圳福田区实施就业优先政策的一些典型实践经验：

一是强化政策引领和激励。聚焦激发企业稳就业主体作用，充分发挥政策引领和激励作用，把就业优先的政策红利渗透到民营企业和中小微企业，通过税收减免、社保补贴、贷款优惠等措施，调动企业稳就业的积极性，稳定和扩大就业岗位。聚焦支持创业带动就业，加大创业孵化基地建设力度，扩大资源集聚效应，形成更有利于创新创业的氛围。为创业者提供创业指导、资金扶持、市场开拓等全方位服务，提高创业成功率，从而带动更多就业。

二是优化就业服务。聚焦推动全方位就业服务体系建设，建立健全岗位归集和发布工作机制，提升就业服务"供给侧"质量。利用线上线下平台，开展多样化、精准化的就业服务活动，如招聘会、直播带岗、网络招聘等，提高人岗匹配效率。聚焦加强重点群体就业帮扶，针对高校毕业生、失业人员、退役军人等重点群体，实施分类帮扶和实名制动态管理。完善就业援助长效机制，确保困难群体就业底线兜牢，实现"零就业家庭"动态归零。

三是不断提升劳动者技能水平。聚焦加强职业技能培训，结合市场需求和劳动者个人发展需求，开展多层次、多形式的职业技能培训。建立终身制技能培训机制，加强与培训机构、职业院校、优质企业的合作，提高培训质量和效果。聚焦推动产教融合，鼓励企业参与职业技能培训，通过校企合作、工学结合等方式，培养符合市场需求的高素质技能人才。同时，加强实训基地建设，为劳动者提供实践锻炼的机会。

四是着力创新就业模式。聚焦发展灵活就业，适应新经济、新业态的发展趋势，推动灵活就业模式的发展。建立健全灵活就业人员的社会保障体系，提供就业咨询、权益保护等服务，保障灵活就业人员的合法权益。聚焦推广电子劳动合同，充分利用信息化手段，推广电子劳动合同和数字签名服务系统，提高劳动合同签订和管理的便利性。同时，加强数据安全保障措施，确保劳动者个人信息安全。

五是切实加强政策宣传和执行力度。通过多种渠道和方式宣传就业优先政策，提高政策知晓率和覆盖面。利用新媒体平台、宣传栏、海报等多种形式进行宣传，确保政策信息能够及时传递给广大劳动者和企业。聚焦加强政策执行力度，建立健全政策执行机制和监督机制，确保各项政策能够落到实处。加强部门之间的协调配合，形成工作合力。同时，加强政策执行情况的监督和评估工作，及时发现问题并采取措施加以解决。

第二节　强化重大政策、重大项目、重大生产力布局对就业影响的评估

强化重大政策、重大项目、重大生产力布局对就业影响的评估，既是构建就业友好型发展方式的重要基础，也是推动实现高质量充分就业的关键环节。

一、意义重大

进入新时代，随着我国经济社会的深入发展，重大政策、重大项目、重大生产力布局的实施对就业市场的影响日益显著。这些变化不仅直接关联到劳动力的需求与供给，还深刻影响着就业结构、就业质量以及社会稳定。因此，强化这些因素对就业影响的评估，有助于更好地预测和应对就业市场的变化，促进就业与经济发展的良性互动。

二、评估内容与方法

一般说来，评估内容主要包括：

关于重大政策，主要评估政策出台后可能带来的就业创造、就业替代、就业结构变化等效应，特别是要关注政策对重点群体（如高校毕业生、农民工、就业困难人员等）的就业影响。

重大政策的制定和实施，例如产业政策、财政政策、税收政策等，可能直接或间接地影响到不同行业和领域的企业经营状况，从而对就业规模和就业结构产生作用。评估研究可以提前预判政策可能带来的就业效应，以便及时调整和完善政策，使其在实现其他宏观目标的同时，最大程度地促进就业。

关于重大项目,主要分析项目建设过程中及建成后的就业吸纳能力,包括直接就业和间接就业(如产业链上下游企业的就业带动效应)。同时,要关注项目对劳动力流动、技能培训等方面的需求。

重大项目的上马,如大型基础设施建设项目、重点产业投资项目等,通常会在建设和运营阶段创造大量的直接和间接就业岗位。通过评估研究,可以明确项目在不同阶段对各类劳动力的需求特点和数量,提前做好人力资源的规划和配置,提高就业与项目需求的匹配度。重大项目在促进劳动力流动方面发挥着重要作用,通过创造就业机会、优化产业布局、提升劳动力技能等途径,可以有效推动劳动力的合理流动和优化配置。

关于重大生产力布局,主要研究产业布局调整对就业市场的长远影响,包括区域间就业平衡、产业结构优化与升级对劳动力素质的要求等。重大生产力布局涉及产业在不同地区的分布和集中情况。合理的生产力布局能够充分发挥各地的资源优势和产业基础,促进区域经济协调发展,从而带动当地的就业增长。评估研究有助于了解生产力布局调整可能导致的就业转移和重新配置,采取相应的就业扶持和保障措施,减少因布局变化带来的失业风险。

具体评估方法包括:

一是定量分析方法,重点运用统计学和计量经济学方法,收集和分析相关数据,建立评估模型,对就业影响进行量化分析。

二是定性分析方法,重点通过专家访谈、问卷调查、案例分析等方式,深入了解政策、项目、生产力布局对就业市场的具体影响,为定量分析提供补充和验证。

三是综合评估方法,重点结合定量分析和定性分析的结果,形成综合评估报告,提出政策建议和改进措施。

三、实施路径与保障措施

一要加强顶层设计。通过完善就业影响评估的法律法规体系，明确评估的主体地位、职责范围、程序要求等，为评估工作提供法律保障。明确评估的目的，比如预测就业数量影响、优化就业结构等。确立评估的基本原则，如客观性、系统性、前瞻性等。

二要构建评估体系。通过建立科学的评估指标体系，涵盖就业率、就业质量、就业结构等多个维度，确保评估结果的全面性和准确性。制定详细的评估工作计划，包括时间表、责任分配等。设计评估流程，确保评估的连贯性和效率。

三要强化协同配合。通过加强政府各部门之间的协同配合，形成工作合力。同时，鼓励社会组织和第三方机构参与评估工作，提高评估的专业性和公信力。组建评估团队，确定评估团队的组成，包括经济学家、就业专家、行业分析师等。确保团队成员具备必要的专业知识和评估经验。

四要注重结果应用。通过将评估结果作为政策制定、项目审批、生产力布局调整的重要依据，及时调整和完善相关政策措施，确保就业市场的稳定和发展。主动将评估结果应用于政策制定和项目决策过程。根据评估结果调整政策或项目，以优化就业效果。

四、实践案例与启示

近年来，我国在一些地区和领域已经开展了就业影响评估的实践探索，取得了一定成效。例如，一些地方在推进产业转型升级过程中，注重评估对就业的影响，及时出台了一系列稳就业的政策措施；一些重大项目在规划阶段就充分考虑了就业吸纳能力的问题，通过增加就业岗位、提供技能培训等方式促进当地就业。这些实践案例为我们提供了有益的启示和借鉴。

1.促进高校毕业生就业政策

近年来,高校毕业生就业问题成为社会关注的焦点。为了缓解就业压力,政府出台了一系列促进高校毕业生就业的政策。通过提供就业补贴、创业扶持、职业培训等措施,鼓励高校毕业生创业和就业。同时,加强与企业的合作,开展校园招聘、实习实训等活动,提升毕业生的就业能力。这些政策有效促进了高校毕业生的就业和创业,提高了就业率和就业质量。同时,也为企业输送了大量高素质人才,推动了企业的发展。

2.基础设施建设项目

为了推动经济发展和城市化进程,政府投入大量资金进行基础设施建设。在项目实施过程中,注重吸纳当地劳动力参与建设,通过以工代赈等方式提高就业率。同时,加强对工人的技能培训,提高他们的就业竞争力。这些项目创造了大量就业机会,推动了当地经济的发展,提高了居民的收入水平。

3.新兴产业园区建设

为了推动产业升级和经济发展,政府规划并建设了一批新兴产业园区。在园区建设过程中,政府注重引入高新技术企业和创新型企业,形成产业集群效应。同时,加强与高校和科研机构的合作,推动产学研深度融合。这些园区不仅吸引了大量高素质人才入驻,还带动了周边地区的经济发展。通过提供丰富的就业机会和优质的创业环境,促进了劳动力的流动和就业结构的优化。

在以上案例中,政府部门都建立了相应的评估机制来监测和分析重大政策、项目和生产力布局对就业的影响。这些评估机制包括就业数据收集与分析、就业政策效果评估、就业市场监测等。通过这些机制,政府可以及时了解就业市场的动态变化和政策实施效果,为制定更加科学合理的就业政策提供依据。

总之,强化重大政策、重大项目、重大生产力布局对就业影响的评估研究，是推动实现高质量充分就业的重要途径。我们需要不断完善评估体系、加强协同配合、注重结果应用，为构建就业友好型发展方式提供有力支撑。

第三节 推动财政、货币、投资、消费、产业、区域等政策与就业政策协调联动、同向发力

推动财政、货币、投资、消费、产业、区域等政策与就业政策协调联动、同向发力，是实现高质量充分就业和经济社会持续健康发展的重要途径。这不仅是贯彻新发展理念、实现高质量发展的必然要求，也是保障和改善民生、促进社会和谐稳定的重要举措。

一、相关政策措施解读

基于财政政策的视角：一要加大就业资金投入，通过财政预算安排专项资金，支持就业创业服务、职业技能培训、公共就业服务体系建设等。二要优化税费政策，对吸纳就业多、社会贡献大的企业给予税收减免或优惠，降低企业用工成本，激发企业吸纳就业的积极性。三要促进政府购买服务，通过政府购买服务的方式，引导社会力量参与就业服务，提高就业服务的覆盖面和专业化水平。财政政策方面，保持必要的财政支出强度，优化组合专项债、国债、税费优惠、财政补助等政策工具，例如合理安排地方政府专项债券，支持重大项目建设，能带动扩大有效投资，创造更多就业岗位；实施结构性减税降费政策，可减轻企业负担，稳定就业岗位。

基于货币政策的视角：一要保持流动性合理充裕，通过降准、降息等货币政策工具，保持市场流动性合理充裕，降低企业融资成本，支持企业扩大生产和吸纳就业。二要加强信贷支持，引导金融机构加大对小微企业、民营企业、创新创业等领域的信贷支持力度，解决其融资难、融资贵的问

题。货币政策方面，保持流动性合理充裕，加强总量和结构双重调节，能为实体经济提供有力支持，进而促进就业。如通过下调支农再贷款、支小再贷款和再贴现利率，下调金融机构存款准备金率等操作，向市场提供流动性，加大对重点领域和薄弱环节的支持力度，助力企业发展，稳定和扩大就业。

基于投资政策视角：一要加大对就业带动能力强项目的投资：在基础设施、制造业、服务业等领域，优先支持那些能够创造大量就业岗位的项目。二要优化投资结构，引导社会资本向新兴产业、现代服务业等领域投资，推动产业结构升级和就业结构优化。投资政策注重投向和效益，引导资金投向有利于创造就业岗位的领域，如重大基础设施建设、重点产业投资等项目，既能推动经济增长，又能带动就业。

基于消费政策视角：一要促进消费升级，通过提高居民收入水平、完善社会保障体系等措施，增强居民消费能力，促进消费升级。二要培育消费热点，支持发展文化旅游、健康养老、教育培训等新兴消费领域，培育新的消费增长点，带动相关产业发展和就业增加。消费政策通过刺激消费需求，可以促进相关产业的发展，从而创造更多的就业机会。例如，推动消费升级、培育新的消费增长点等，有助于带动相关行业的就业。

基于产业政策视角：一要支持重点产业发展，加大对战略性新兴产业、先进制造业、现代服务业等产业的支持力度，推动其快速发展并创造更多高质量就业岗位。二要推动传统产业转型升级，通过技术改造、产品创新等方式推动传统产业转型升级，提高产业竞争力和就业吸纳能力。产业政策对就业的影响也十分重要。因地制宜地发展新质生产力，改造提升传统产业，培育壮大新兴产业，布局建设未来产业，完善现代化产业体系，能够创造更多高质量的就业岗位。同时，支持发展吸纳就业能力强的产业和企业，有利于稳定和扩大就业容量。

基于区域政策视角：一要促进区域协调发展，通过实施区域协调发展战略，加大对中西部地区和东北地区的支持力度，缩小区域发展差距，促进劳动力在区域间的合理流动和优化配置。二要支持区域特色产业发展，根据各地区的资源禀赋和比较优势，支持发展具有地方特色的产业和产业集群，推动区域经济发展和就业增加。区域政策着眼于促进区域经济协调发展，不同地区根据自身优势和特点发展产业，也能带动当地的就业增长。例如，通过加强区域间的合作与协同发展，推动产业转移和承接，优化区域产业布局，进而创造更多就业机会。

二、政策协调联动机制

为了确保各项政策能够协调联动、同向发力，需要建立以下机制：

一是政策制定协调机制。在政策制定过程中加强部门间的沟通协调，确保各项政策在目标、方向和措施上相互衔接、相互配合。

二是政策执行监督机制。建立健全政策执行监督机制，对政策执行情况进行跟踪评估和监督检查，确保政策得到有效落实。

三是政策效果评估机制。定期对政策效果进行评估分析，总结经验教训，及时调整完善政策措施，提高政策效果。

通过强化这些政策与就业政策的协调联动、同向发力，可以使政策效应相互叠加，充分调动经营主体的积极性，激发经济发展的内生动力，构建就业友好型发展方式，从而更有效地促进就业的质的提升和量的增加，实现经济发展与就业增长的良性互动。例如，在山东省济南市，发改、工信、财政、金融、人社等多个部门合力支持专精特新企业发展，构建了创新型中小企业—专精特新中小企业—专精特新"小巨人"企业三级培育体系。

三、夯实评估政策协调的效果

科学评价财政、货币、投资、消费、产业、区域等政策与就业政策的协调程度是一项系统工程，必须遵循一系列科学的程序和步骤。

一要明确评估目标和指标。确定评估的主要目标，例如提高就业率、促进经济增长、实现社会公平等。设定具体的评估指标，如就业人数、经济增长率、收入分配、社会福利改善等。

二要建立评估框架。制定一个包含所有相关政策领域的评估框架。确保框架能够涵盖不同政策之间的相互作用和影响。

三要加强数据收集和分析。收集与政策实施前后相关的数据，包括宏观经济数据、就业数据、行业数据等。通过分析数据，识别政策实施前后的变化和趋势。

四要灵活运用定量和定性评估方法。科学使用定量方法，如统计分析和经济模型，来评估政策效果的量化和数值表现。配合采用定性方法，如案例研究、专家访谈、利益相关者反馈，来理解政策协调的深层次影响。

五要深度比较分析。将实施协调政策前后的情况进行比较，以评估政策的效果。与其他类似政策或地区的情况进行比较，以确定协调政策的效果是否显著。

六要邀请利益相关者参与。广泛涉及政策制定者、执行者、受益者和其他利益相关者的反馈和评估。通过调查、访谈、研讨会等形式收集利益相关者的意见和建议。

七要监测和反馈循环。通过建立持续的监测机制，跟踪政策实施过程中的变化和效果。根据监测结果调整政策，形成一个反馈和改进的循环。

八要把握好长期影响评估。充分考虑政策的长期影响，而不仅仅是短期效果。评估政策协调是否能够带来可持续发展。

九要保持报告充分和透明度。通过编写详细的评估报告，清晰地展示评估结果、方法和结论。确保评估过程的透明度，允许公众和利益相关者对评估结果进行审查。

通过这些步骤，可以较为全面和准确地评估政策协调的效果，从而为政策制定者和执行者提供有价值的反馈，帮助他们优化政策设计和实施。

总而言之，推动财政、货币、投资、消费、产业、区域等政策与就业政策协调联动、同向发力是一项长期而艰巨的任务。需要政府、企业和社会各界共同努力，形成合力。未来，随着各项政策的不断完善和落实，相信我国将能够实现更高质量、更加充分的就业目标，为经济社会发展注入新的动力。

第四节　着力构建就业友好型发展方式

就业友好型发展方式是一种以人为本、注重高质量发展的新型发展方式，是在经济和社会多维度、诸领域构建起有助于就业扩容提质的发展方式。它要求经济和社会的发展不仅要创造更多的就业岗位，还要提升劳动者的就业质量，增强广大劳动者的获得感、幸福感、安全感。

一、意义重大

一是坚持以人民为中心的发展思想的必然结果。构建就业友好型发展方式作为贯彻新发展理念的内在要求，体现了党和政府始终把人民放在心中最高位置的发展理念。

二是有利于推动经济社会高质量发展。高质量发展离不开创新驱动和新质生产力的发展，而构建就业友好型发展方式有助于充分发挥人力资源要素的优势，促进经济社会的高质量发展。

三是有利于保持社会大局稳定。就业是最基本的民生，构建就业友好型发展方式是保持社会大局稳定的重要保障。

二、构建就业友好型发展方式的基本原则

一要强化就业优先导向。把稳就业、促就业放在更加突出位置，完善政策工具箱，注重发展能增加就业容量和充分利用人力资源的产业和领域，加强宏观经济政策与就业政策的有效衔接，推动多类政策与就业政策协调联动、同向发力。建立健全部门联动机制和就业影响评估机制，统筹考虑政策和项目对就业的影响。

二要提高发展的就业带动力。实施有利于促进就业的产业政策，因地制宜发展新质生产力，培育壮大新兴产业，布局建设未来产业，统筹各类产业发展，推动传统制造业转型升级，支持传统服务行业改造升级，加快发展现代服务业，培育新产业、新业态、新模式，紧抓发展机遇，统筹区域协调发展，加强基层社会治理、提升社会服务，拓展社会领域就业空间。

三要支持发展吸纳就业能力强的企业。抓住经营主体这个关键，大力支持企业尤其是中小企业稳岗扩岗，鼓励数字化平台企业创造新的就业形态和机会，挖掘个体工商户的潜力，优化市场环境，加大企业融资支持力度，落实惠企政策，建设创业平台载体，构建创业生态系统，完善创业带动就业的保障制度。

四要适应人力资源培育匹配发展所需。深化人力资源供给侧结构性改革，统筹教育、培训和就业，完善人才培养链条，鼓励学校根据市场需求调整专业结构和课程设置，大力发展职业教育，加快建设终身职业技能培训体系，完善相关机制，提升公共就业服务水平，健全统一规范的人力资源市场体系，加强舆论宣传，引导树立正确就业观。

五要坚持让全体劳动者共享发展成果。突出抓好重点群体就业，完善相关支持政策，坚持把高校毕业生等青年群体就业作为重中之重，多措并举促进农民工就业，同时做好其他就业困难群体的帮扶工作。

这些原则旨在实现经济发展与就业增长的良性互动，创造更多高质量

就业岗位，提高就业质量，增强劳动者的获得感、幸福感和安全感，促进社会的稳定与繁荣。

三、构建路径

当前，构建就业友好型发展方式面临着一系列的挑战。主要的挑战有，一是产业结构升级带来的就业结构变化。二是科技进步对传统岗位的替代效应。三是劳动者技能与岗位需求不匹配的结构性矛盾。

应对这些问题和矛盾的主要对策是：一要加强职业技能培训，提升劳动者技能水平。二要推动产业转型升级与就业结构优化协同发展。三要完善社会保障体系，减轻劳动者就业风险。

构建就业友好型发展方式的具体路径是：

一要坚定不移贯彻新发展理念。将高质量充分就业作为经济社会发展的优先目标，使高质量发展的过程成为就业提质扩容的过程。通过发展新技术、新产业、新业态，创造更多高质量的就业岗位。从产业结构优化的角度来看，应注重发展劳动密集型产业、服务业以及新兴产业，提高产业对劳动力的吸纳能力。同时，推动传统产业的转型升级，通过技术创新和管理创新，提高劳动生产率的同时创造更多高技能就业岗位。

二要加快塑造现代化人力资源。优化教育结构：动态调整高等教育专业设置，加强职业教育与具体产业需求衔接，构建适应市场需求的职业教育体系。加强职业技能培训。建立终身职业技能培训制度，鼓励劳动者不断提升自身技能以适应岗位需求变化。在企业发展方面，鼓励企业采用灵活的用工模式，提供良好的工作环境和职业发展机会，加强对员工的培训和职业技能提升支持。此外，政府可以通过税收优惠、财政补贴等政策手段，激励企业扩大就业规模。

三要完善重点群体就业支持政策。针对高校毕业生、农民工、就业困难人员等重点群体，制定更加精准的就业支持政策，帮助他们更好地融入就业市场。教育和培训体系的完善至关重要。应根据市场需求调整教育结构和专业设置，加强职业教育和技能培训，使劳动者具备适应市场变化的能力，提高就业的匹配度。

四要深化就业体制机制改革。优化就业公共服务，积极打造覆盖全民、贯穿全程、辐射全域、便捷高效的全方位就业公共服务体系。完善创业带动就业保障制度，通过优化创业环境，提升创业服务质量，激发创业带动就业的潜力。区域协调发展也是构建就业友好型发展方式的重要内容。通过促进区域间的产业转移和合作，实现区域就业的均衡发展，减少劳动力的过度流动和就业压力的局部集中。

五要加强劳动者权益保障。健全劳动法律法规，确保劳动者签订正式劳动合同，并加强对企业的监督检查，以确保劳动合同履行。同时，完善劳动争议调解机制，为劳动者和企业提供公平、公正、及时的劳动争议解决渠道。在政策环境方面，政府应制定和完善积极的就业政策，加强就业服务和劳动力市场监管，保障劳动者的合法权益。同时，建立健全失业预警和就业援助机制，为失业人员提供及时有效的帮助。

六要加快建构中国就业理论体系。有效提升我国在就业领域的国际话语权和影响力，为构建就业友好型发展方式提供理论支撑和智力支持。科技创新也是构建就业友好型发展方式的重要因素。新技术的应用虽然可能在短期内导致部分岗位的减少，但从长期看，会催生新的产业和职业，创造更多就业机会。因此，要加强对劳动者的科技教育和培训，提高其适应新技术的能力。

综上所述，构建就业友好型发展方式是一项十分复杂的系统工程，只要政府、企业和社会各界共同努力，就可以推动形成更加充分更高质量就业的格局。

本章参考文献：

［1］邱超奕.完善就业优先政策，健全社会保障体系 [N].人民日报，2024-08-03（2）.

［2］宋予辉.基于就业优先的招商引资政策创新研究.中国就业 [J]，2024（7）.

［3］王美艳.强化就业优先政策促进高质量充分就业.人民论坛 [J]，2024-06-30（12）.

［4］方长春.构建就业友好型发展方式：内涵、意义与路径.人民论坛 [J]，2024-06-30（12）.

［5］杜运周，孙宁，刘秋辰.运用混合方法发展和分析复杂中介模型——以营商环境促进创新活力，协同新质生产力和"就业优先"为例.管理世界 [J]，2024（6）.

［6］金牛.人口高质量发展是人才红利之源.人口与健康 [J]，2024（6）.

［7］评论员.促进高质量充分就业不断增强广大劳动者的获得感幸福感安全感 [N].人民日报，2024-05-29（1）.

第四章　健全高质量充分就业促进机制

2024 年 5 月 27 日，习近平总书记在主持中央政治局就促进高质量充分就业进行第十四次集体学习时强调，促进高质量充分就业，是新时代新征程就业工作的新定位、新使命。要坚定不移贯彻新发展理念，更加自觉地把高质量充分就业作为经济社会发展的优先目标，使高质量发展的过程成为就业提质扩容的过程，提高发展的就业带动力。

第一节　高质量充分就业是中国式现代化的必然要求

习近平总书记在党的二十大上郑重宣告："从现在起，中国共产党的中心任务就是团结带领全国各族人民全面建成社会主义现代化强国、实现第二个百年奋斗目标，以中国式现代化全面推进中华民族伟大复兴。""中国式现代化，是中国共产党领导的社会主义现代化，既有各国政府现代化的共同特征，更有基于自己国情的中国特色。"中国式现代化集人口规模巨大的现代化、全体人民共同富裕的现代化、物质文明和精神文明相协调的现代化、人与自然和谐共生的现代化、走和平发展道路的现代化这五大中国特色于一身。高质量充分就业是中国式现代化的必然要求。

一、就业是最大的民生，中国式现代化必然是就业规模巨大的现代化

习近平总书记深刻指出："人民对美好生活的向往，就是我们的奋斗目标。"解决好老百姓关心关注的民生问题，使人民学习得更好、工作得更好，是人民的期盼，也是中国梦的重要组成部分。中国式现代化是人口规模巨大的现代化，这是由十四亿多人的国情天然决定的。人口众多必然带来巨大的资源环境条件约束，也必然会产生很大的就业压力。要实现这么巨大人口规模的现代化，其艰巨性和复杂性是前所未有的，其意义和影响也是前所未有的，同样推进这样就业规模巨大的现代化也是对人类文明新形态的有益贡献。

就业乃民生之本。作为一个人口规模十分巨大的国家，我国的城镇失业率每上升一个百分点意味着有 400 多万人的失业，这相当于克罗地亚或黎巴嫩全国的总人口。因此对就业的数量和质量问题我们绝对马虎不得。必须以习近平新时代中国特色社会主义思想为指导，全面贯彻落实党中央、国务院关于就业创业工作的决策部署，积极实施就业优先政策，千方百计拓宽就业渠道，主动教育引导转变就业观念，提供质量更优和覆盖面更广的就业服务，创造条件更好的就业环境，努力实现更高质量和更充分就业。

二、努力让劳动者实现体面劳动，中国式现代化必然是劳有优酬的现代化

中国式现代化是全体人民共同富裕的现代化，这是由中国特色社会主义制度的本质决定的。就业是劳动者获得劳动报酬、提高生活水平的基本途径。要让全体中国人民都过上好日子，都有机会凭自己的能力参与现代化的进程，并且凭借自己的贡献更加公平地分享国家发展改革的成果。劳有优酬离不开劳动力的自我提升和努力奋斗。劳动创造一切，就业实现价

值。伴随高质量发展，劳动就业本身也需要高质量发展。体面劳动特别强调通过促进就业、加强社会保障、维护劳动者基本权益，以及开展政府、企业组织和工会三方的协商对话，来充分保证广大劳动者在自由、安全和有尊严的条件下工作。体面劳动也是实现人的全面发展的重要内容，可以很好地避免劳动或者就业的异化。在党的二十大报告明确提出，"健全劳动法律法规，完善劳动关系协商协调机制，完善保障制度。"全社会都要扎实贯彻尊重劳动、尊重人才、尊重知识、尊重创造的重大方针，切实维护和发展劳动者利益，充分保障劳动者权利。要坚持弘扬社会公平正义，全力排除阻碍劳动者参与发展、分享发展成果的障碍，努力让所有劳动者实现体面劳动、全面发展。

三、劳动是光荣而神圣的，中国式现代化必然是富有劳模精神、劳动精神、工匠精神的现代化

中国式现代化是物质文明和精神文明相协调的现代化。物质富裕和精神富足犹如美好生活一体之两翼，人民所向往的美好生活既需要"仓廪实衣食足"的物质生活，又需要"知礼节知荣辱"的精神生活。2020 年 11 月 24 日，习近平总书记在全国劳动模范和先进工作者表彰大会上指出："在长期实践中，我们培育形成了爱岗敬业、争创一流、艰苦奋斗、勇于创新、淡泊名利、甘于奉献的劳模精神，崇尚劳动、热爱劳动、辛勤劳动、诚实劳动的劳动精神，执着专注、精益求精、一丝不苟、追求卓越的工匠精神"。

习近平总书记的重要论述，丰富和深化了我们党对劳动、劳动价值的认识。劳动精神是劳动者劳动意识、劳动理念、劳动态度、劳动习惯的集中展示，弘扬劳动精神强调正确认识劳动是人类的本质活动。劳模精神突出反映了劳动模范在生产实践中的职业素养、职业能力、职业品质，弘扬劳模精神强调用劳模的先进思想、模范行动影响和带动全社会。工匠精神既是大国工匠群体特有的品质，又是广大技术工人心无旁骛钻研技能的专

业素质、职业精神，弘扬工匠精神强调在追求卓越中超越自己。

　　劳模精神、劳动精神和工匠精神具有非常密切的内在联系，既是就业领域一种非常高尚的精神谱系，又是中国共产党人精神谱系的重要组成部分，在新时代新征程上展现出巨大的引领价值。进入新发展阶段，无论是贯彻新发展理念、构建新发展格局、推动高质量发展，还是促进全体人民共同富裕，归根到底必须依靠诚实劳动、辛勤劳动、创造性劳动。我们要大力弘扬劳模精神、劳动精神和工匠精神，激励带动全社会一起拼搏、一起奋斗，为以中国式现代化全面推进强国建设、民族复兴伟业聚气汇能。

四、在劳动中促进绿色生产和服务，中国式现代化必然是绿色就业的现代化

　　中国式现代化是人与自然和谐共生的现代化。党的二十大报告中提出："大自然是人类赖以生存发展的基本条件。尊重自然、顺应自然、保护自然，是全面建设社会主义现代化国家的内在要求。必须牢固树立和践行绿水青山就是金山银山的理念，站在人与自然和谐共生的高度谋划发展。"所谓绿色就业是指在经济部门和经济活动中创造的、可以减轻环境影响并最终实现环境、经济和社会可持续发展的工作。绿色就业既包括直接、间接创造的就业机会，也包括诱导所衍生的就业机会。直接的绿色就业包括垃圾处理、污水处理的就业；更多的是间接就业，比如生产污水处理设备的企业的就业；诱导性就业是指电子废弃物回收再利用所带动的就业等。

　　绿色就业同样离不开顶层设计和基层创新。实施绿色就业计划，迫切要求政府、企业组织和工会三方制定政策，开发绿色项目，刺激绿色消费，使得经济发展、环境保护和促进就业三方面协调发展、相辅相成，以创造更多更好的就业岗位。

　　我国在发展环保产业方面潜力巨大，前景广阔，因为我国拥有世界上最大的环保市场和极其丰富的生态资源。与此同时，制定合理的就业转化

措施，使工人参加教育与再培训计划，然后使其获得从事其他环境友好型工作的渠道或者获得经济性补偿。使经济模式向绿色就业转变，使生活环境和生产环境更健康，同时又有利于创造体面劳动。现在绿色就业已成为许多地方关注的重要命题，例如贵州省人力资源和社会保障厅出台意见，明确采取 19 项举措服务支持绿色发展建设生态文明；四川省加大对绿色创业项目的小额担保贷款力度，等等。

五、日益走进国际舞台的中央，中国式现代化必然是就业面向世界的现代化

中国式现代化是走和平发展道路的现代化。过去四十多年，中国人民用自己的勤劳创造了经济快速发展和社会长期稳定的奇迹，未来中国人民也愿意同世界各国人民和睦相处、和谐发展，维护和平、共享和平，促进共同发展。

推进共建"一带一路"是以习近平同志为核心的党中央统揽全局作出的重大决策，既有利于项目所在国的经济发展和劳动就业，也有利于我国的专业技术人员走向世界就业大舞台。首先，"一带一路"倡议的实施离不开基础设施的建设与完善，随着这些基础设施的大力兴建，理工类人才的需求量也会大幅增加，这不仅可以带动经济发展，更促进了理工类学生的就业。其次，我国与"一带一路"沿线国家的经贸合作正在稳步推进，还将与更多的国家在贸易上展开合作，这必然需要大批专业人才来支撑。再次，"一带一路"国家之间深度互通会对信息建设提出更高的要求，我国信息产品和服务将会抓住这个机会走出去。最后，据统计"一带一路"沿线国家使用的语言有 2000 余种，其中官方语言就有约 60 余种，需要大量的外语人才。这些都有利于实现就业面向世界的现代化。

2013 年，习近平主席首次提出构建人类命运共同体的倡议。这些年来，伴随着我国同世界各国友好合作的不断拓展，人类命运共同体理念得到越

来越多人的支持和赞同，这一倡议正在从理念、合作机制转化为大量实际行动。相信随着构建人类命运共同体的专深专实，我国劳动力市场的国际化水平将不断提高。

第二节　新时代典型案例分析

以下，为一些新时代高质量就业促进机制的典型案例：

一、高校访企拓岗促就业专项行动

高校访企拓岗促就业专项行动是由教育部发起的一项重要举措，旨在深入贯彻落实党中央、国务院关于高校毕业生就业工作的决策部署，全力确保高校毕业生就业局势稳定。该行动于2022年首次启动，包括三项主要任务：广泛开拓就业渠道和就业岗位、深入开展社会需求调查、开展毕业生就业状况跟踪调查。

截至2023年5月，这一行动已取得显著成效。参与高校数量达到2415所，走访用人单位17.1万家，新开拓就业岗位253.1万个。例如，甘肃省教育厅组织高校集中走访企业，签订校企就业合作协议，新开拓就业岗位13204个。内蒙古自治区教育厅组织高校赴浙江省多个城市走访，新开拓就业岗位6273个。四川省教育厅组织高校赴深圳市有关企业走访，达成校企合作意向120项，新开拓就业岗位1200余个。

此外，高校书记、校（院）长以及校领导班子成员发挥示范带头作用，广泛开展企业走访，并就人才供需对接、校企合作协同育人等领域进行深入交流与合作。例如，北京中医药大学分级分层做好访企拓岗促就业行动，校领导带队赴河南中医药大学第一附属医院等单位走访，新开拓就业岗位135个。沧州交通学院以服务产业发展为着力点，校领导带队赴济南铁路局等轨道交通企业走访，新开拓实习实践岗位和就业岗位 550 余个。

这一行动不仅帮助高校毕业生开拓更多就业创业岗位和机会，还促进了校企之间的深度合作和产教融合，提高了人才培养的针对性和适应性，对于促进高校毕业生更加充分更高质量就业具有重要意义。

二、河北省的就业促进机制

河北省在高质量就业促进机制方面采取了多项措施。一是高校毕业生等青年就业创业推进计划。河北省于 2023 年实施了 10 项重点行动，以推动实现高质量充分就业。这些行动包括支持中小微企业吸纳毕业生就业、公共部门稳岗扩岗、高校毕业生创业服务支持、系列招聘行动、公共就业服务进校园、离校未就业毕业生服务攻坚、青年专项技能提升、就业见习质量提升、就业困难结对帮扶以及就业权益护航等。二是创造性落实"十四五"就业促进规划。河北省根据国家《"十四五"就业促进规划》等制定了本省的"十四五"就业促进规划。该规划强调了实现更加充分更高质量就业的重要性，并提出了具体的指导思想、基本原则、发展目标、重点任务和保障措施。三是攻坚行动助高校毕业生等就业。河北省决定在一定时期内开展就业服务攻坚行动，聚焦未就业高校毕业生和登记失业青年的求职关切。该行动提供包括政策落实、招聘对接、困难帮扶、能力提升、权益维护等在内的不断线就业服务，旨在帮助有就业意愿的毕业生和登记失业青年实现就业或参加到就业准备活动中。

三、浙江杭州利用数字化打造高质量就业促进新机制

杭州积极推进数字经济发展，打造了众多创新创业平台，吸引了大量高端人才和创新型企业。通过实施人才优先发展战略，出台一系列优惠政策，如住房补贴、创业扶持资金等，为人才提供良好的发展环境。同时，加强职业技能培训，与企业合作开展定制化培训项目，提高劳动者的就业

技能和素质。此外，利用大数据技术搭建就业服务平台，精准匹配求职者和用人单位的需求，提高就业效率和质量。

四、广东深圳努力打造市场化高质量就业促进新机制

深圳致力于优化营商环境，激发市场活力，促进新兴产业的发展，创造了大量高质量的就业岗位。例如，在人工智能、生物医药等领域形成了产业集群，吸引了全球优秀企业和人才。同时，加强产教融合，推动高校与企业合作开展产学研项目，培养适应市场需求的专业人才。还建立了完善的就业服务体系，提供就业指导、职业介绍、创业培训等一站式服务。

五、四川成都通过发展新经济培育新动能促进高质量就业

成都有效推动了就业结构的优化升级，打造了多个特色的产业功能区，促进了产业融合发展，创造了多样化的就业机会。加强就业政策支持，对吸纳就业多的企业给予税收优惠和补贴。此外，开展"蓉漂计划"，举办各类人才招聘活动，吸引了大量外来人才来蓉就业创业。

六、江苏苏州通过发展先进生产力促进高质量就业

苏州高度注重制造业的转型升级，推动智能制造发展，提高了产业附加值和就业质量。加大对企业技术创新的支持力度，鼓励企业进行智能化改造，提升了劳动者的技能要求和收入水平。加强人力资源市场建设，完善就业监测和预警机制，及时掌握就业形势变化，为制定就业政策提供依据。

第三节　健全高质量充分就业促进机制

健全高质量充分就业促进机制旨在通过一系列政策措施和制度安排，推动实现更加充分更高质量的就业。所谓高质量充分就业促进机制是指通过政府、市场、社会等多方协同作用，构建一套完善的就业政策体系、服务体系和保障体系，以促进劳动力市场的供需平衡，提高就业质量和稳定性，实现经济社会的可持续发展。

一、聚焦高质量充分就业大目标

高质量充分就业是一个综合性的概念，它不仅仅关注就业的数量，即就业率或劳动力市场的供需平衡，更强调就业的质量和稳定性。

一是就业数量要充足。高质量充分就业要求有足够的就业机会供劳动者选择，使得劳动力市场的供需关系保持在一个相对平衡的状态，减少失业现象的发生。为此，必须扩大就业规模，确保就业局势总体稳定。

二是就业质量要高。这包括就业者的收入水平、工作环境、工作稳定性、社会保障水平等多个方面。高质量就业意味着劳动者能够获得与其劳动付出相匹配的报酬，享有良好的工作条件和职业发展空间，同时能够获得充分的社会保障和福利。为此，要提升就业质量，包括提高就业者的收入水平、工作稳定性、社会保障水平等。

三是就业结构要优化。高质量充分就业还强调就业与产业结构的协调发展。随着经济结构的转型升级，劳动力市场也需要不断调整和优化就业结构，以适应新产业的发展和旧产业的淘汰。这意味着需要提供更多的高质量就业岗位，特别是在高新技术产业、现代服务业等领域。为此，必须优化就业结构，促进就业与产业结构的协调发展。

四是劳动者素质要提升。为了实现高质量充分就业，劳动者自身的素质和能力也至关重要。这包括劳动者的职业技能、创新能力、适应能力等多个方面。通过加强职业培训和技能提升，提高劳动者的综合素质和竞争力，有助于更好地适应市场需求和变化。

五是就业稳定性要强。高质量充分就业还要求就业关系稳定，减少非自愿失业和短期合同工等现象。稳定的就业关系有助于劳动者积累工作经验、提升职业技能，并为企业创造更多的长期价值。

综上所述，高质量充分就业是一个综合性的目标，旨在通过政策引导、市场调节和劳动者自身努力等多种方式，实现就业数量充足、质量高、结构优化、劳动者素质提升和就业稳定性强的目标。这不仅有助于提升劳动者的生活水平和幸福感，也有助于推动经济社会的可持续发展。

二、狠抓主要措施与路径落实

一要加强政策引导与扶持。完善就业政策体系，制定更加积极、灵活、有效的就业政策，包括财政、税收、金融、社保等方面的优惠政策，降低企业用工成本，鼓励企业吸纳就业。加大资金投入，设立专项就业资金，用于支持就业创业、技能培训、职业介绍等公共服务项目。从宏观层面来看，这需要政府制定并实施积极的就业政策，包括产业政策的引导，促进新兴产业的发展，以创造更多高质量的就业岗位。加强劳动力市场的监管和调控，确保就业市场的公平、公正和透明，防止就业歧视等现象的出现。

二要推动产业升级与转型。优化产业结构，大力发展新兴产业和现代服务业，提升产业链水平，创造更多高质量就业岗位。促进科技创新，鼓励企业加大研发投入，推动技术创新和产业升级，提高产品附加值和市场竞争力。企业作为就业的主体，应当承担相应的社会责任，积极创造就业机会，改善劳动条件和福利待遇，提供良好的职业发展空间，吸引和留住人才。同时，鼓励企业进行技术创新和转型升级，提高生产效率和竞争力，带动就业质量的提升。

三要加强职业技能培训。着力构建终身职业技能培训体系，推动职业教育与培训资源的整合和优化配置，提高培训质量和效果。大力开展订单式、定向式培训，根据市场需求和企业用工需求，开展有针对性的职业技能培训，提高劳动者的就业竞争力。在教育和培训方面，要构建与市场需求紧密结合的职业教育和培训体系，提高劳动者的技能水平和综合素质，使其更好地适应不断变化的就业环境。加强高等教育与产业界的合作，推动产学研一体化，培养具有创新精神和实践能力的人才。

四要完善就业服务体系。高质量建设公共就业服务平台，提供求职登记、职业指导、职业介绍、技能培训等一站式服务。加强就业信息化建设，充分利用大数据、云计算等现代信息技术手段，提高就业服务的精准度和效率。社会层面，要完善就业服务体系，加强就业信息的收集、整理和发布，提高就业服务的精准度和有效性。建立健全劳动法律法规，保障劳动者的合法权益，营造良好的就业创业环境。

五要强化权益保障与激励机制。完善社会保障体系，加强社会保险、住房公积金等制度的覆盖和保障力度，提高劳动者的社会保障水平。建立激励机制，对吸纳就业成效显著的企业给予表彰和奖励，激发企业吸纳就业的积极性。此外，还需要关注特殊群体的就业问题，如残疾人、退役军人、农民工等，为他们提供有针对性的就业援助和支持。

本章参考文献：

［1］郭启民．坚持人民立场，实施中国特色的就业优先策略——深刻理解习近平总书记关于就业优先的重要论述的内涵实质．中国工运 [J]，2021（5）．

［2］赖德胜．创造高质量就业的未来．人口与经济 [J]，2023（2）．

［3］莫荣，李付俊．实施就业优先战略，助力中国式现代化．人口与经济 [J]，2023（2）．

［4］杨宜勇，黄燕芬．高质量更加充分就业是中国式现代化的显著特色．人口与经济 [J]，2023（2）．

［5］谭永生．中国更高质量和更充分就业的测度评价与实现路径研究．宏观经济研究 [J]，2020（5）．

［6］张抗私．稳定和扩大就业的底层逻辑与政策意义．人口与经济 [J]，2023(2).

［7］王雪珍．打好就业优先政策组合拳促进高质量充分就业．中国就业 [J]，2023（2）．

［8］高萍，刘鹏．新时代和谐劳动关系背景下劳动者高质量就业指数构建研究——基于全国500份有效调研问卷的分析．中国人力资源社会保障 [J]，2023（2）．

第五章　完善就业公共服务体系

2024年5月27日，习近平总书记在中央政治局就促进高质量充分就业进行第十四次集体学习时的重要讲话指出，完善就业公共服务制度，打造覆盖全民、贯穿全程、辐射全域、便捷高效的全方位就业公共服务体系，提高就业公共服务可及性和均等化、专业化水平。《中共中央关于进一步全面深化改革、推进中国式现代化的决定》也明确提出，健全高质量充分就业促进机制，完善就业公共服务体系，着力解决结构性就业矛盾。

第一节　就业公共服务

一、什么是就业公共服务

所谓就业公共服务是指以促进就业为目的，由政府出资向劳动者提供的公益性就业服务。这种服务是免费的、公益性的，旨在帮助那些无力负担中介费用或较难通过市场实现就业的就业困难群体，提供必要的就业帮扶。

1.基本内容

具体来说，就业公共服务包括以下几个方面的内容：

一是职业介绍。为求职者提供岗位信息，帮助其与用人单位建立联系，实现就业。这是就业公共服务中最基本、最直接的服务内容。

二是职业指导。通过提供专业的职业咨询和指导，帮助求职者了解自身职业兴趣、能力和市场需求，制定合理的职业规划，提高求职成功率。

三是就业训练。为求职者提供职业技能培训和提升服务，增强其就业竞争力和适应能力。这包括各种形式的培训课程、实训基地和在线学习资源等。

四是社区就业岗位开发服务。通过开发社区内的就业岗位，为求职者提供更多就业机会。这有助于缓解就业压力，促进社区和谐稳定。

五是其他服务内容。根据实际需要，就业公共服务还可能包括人力资源供求和市场工资指导价位信息发布、创业指导、办理就业登记（劳动用工备案）和失业登记、流动人员人事档案管理服务、失业援助、劳动权益保障等方面的服务。这些服务旨在全方位地支持劳动者实现就业和稳定就业。

2.重要意义

就业公共服务作为对人力资源市场的有力补充，其重要性体现在以下几个方面：

一是有利于改善劳动力市场运行状况。通过提供公益性就业服务，降低求职者和用人单位之间的信息不对称，促进劳动力市场的有效运行。

二是有利于减缓失业带来的消极影响。为失业人员提供及时的就业帮扶和援助，减轻其生活压力和心理负担，防止社会问题的发生。

三是有利于促进用人单位和劳动者有效对接。通过职业介绍、职业指导等服务手段，帮助用人单位找到合适的人才，同时帮助求职者找到满意的工作岗位。

实现更加充分、更高质量的就业：通过提供全方位的就业支持和服务，推动劳动者实现充分就业和高质量就业，促进社会和谐稳定和经济持续发展。

综上所述，就业公共服务是政府为促进就业而提供的一项重要公共服务，其内容丰富、形式多样，对于改善劳动力市场运行状况、减缓失业带来的消极影响、促进用人单位和劳动者有效对接以及实现更加充分、更高质量的就业具有重要意义。

二、就业公共服务理论

就业公共服务理论研究是一个综合性的研究领域，它涉及政府、市场、社会多个主体，以及经济学、社会学、心理学等多个学科的理论基础。以下是对就业公共服务理论研究的一些主要方面和观点的归纳：

1. 政府与市场关系理论

政府与市场关系理论是经济学和政治经济学中的一个核心议题，涉及如何在资源配置、经济发展和社会治理中平衡政府和市场的作用。这一理论在不同国家和地区有着不同的实践和理解，但总体上，都围绕着如何最有效地利用市场机制和政府干预来实现经济发展和社会福祉的最大化。

我国的改革开放历程表明，正确处理政府和市场的关系一直是经济体制改革的核心。从最初的计划经济为主、市场调节为辅，逐渐转变为以市场在资源配置中起决定性作用，同时更好地发挥政府作用。这种转变体现了对社会主义市场经济规律的深刻认识，也是中国特色社会主义理论的发展。市场在资源配置中的决定性作用，同时要求更好地发挥政府作用，这种观点认为政府和市场应该相互补充、相互协调，共同推动经济社会持续健康发展。这种思想的核心是实现"有效市场"和"有为政府"的有机结合，即在充分发挥市场机制作用的同时，政府也需要在必要的时候进行有效的宏观调控和管理。与此同时，政府应该在解决社会不平等和市场失灵方面发挥重要作用。就业公共服务作为政府干预市场的一种手段，其理论基础在于政府与市场关系的探讨。现代市场经济社会中，政府在提供公共服务、维护市场秩序、保障民生等方面发挥着重要作用。在就业领域，政府通过提供公共就业服务，旨在弥补市场失灵，促进劳动力市场的有效运行。

2.公共产品理论

公共产品理论是经济学中的一个重要分支，主要探讨公共产品和私人产品的区别以及政府在提供公共产品中的作用。公共产品与私人产品的主要区别在于其特性，包括效用的不可分割性、消费的非竞争性和受益的非排他性。公共产品的典型例子包括国防、外交、治安等。

效用的不可分割性指的是公共产品无法分割成可买卖的单位，例如国防和外交政策，它们无法被分割销售给不同的个体。受益的非排他性意味着即使某些人没有为公共产品付费，他们仍然可以享受其带来的好处，如清洁的空气或国防。消费的非竞争性是指新增消费者使用公共产品不会增加供给成本，例如灯塔，任何人都可以使用而不影响其他人。

由于公共产品的这些特性，市场机制在提供公共产品方面存在失灵。例如，由于免费搭车现象的存在，即一些人可以不支付费用而享受公共产品的利益，私人部门往往不愿意提供这些产品。因此，政府在这一领域扮演着重要角色，通过税收和公共支出为公共产品提供资金，并确保这些产品的供应和分配。

公共产品理论的发展历史包括多个重要阶段和理论贡献。例如，林达尔的均衡理论、萨缪尔森的公共支出理论等，都对公共产品理论的发展做出了重要贡献。此外，布坎南和蒂鲍特等人对非纯公共产品（准公共产品）的研究也丰富了公共产品理论的内涵。

总体来说，公共产品理论对于理解政府在市场经济中的角色、公共财政的运作以及公共政策的制定具有重要意义。就业公共服务具有公共产品的特性，即非排他性和非竞争性。这意味着就业公共服务是面向全体劳动者的，任何符合条件的劳动者都可以享受这些服务，而不会因为某个人的使用而减少其他人的使用机会。因此，政府有责任和义务提供这些公共产品，以满足社会公共需求。

3.新公共管理理论

新公共管理理论是在 20 世纪 80 年代兴起的一种公共部门管理理论，特别是在西方国家政府管理中。这一理论旨在通过改革和重塑公共部门的管理方式，特别是政府管理，来提高公共服务的效率和质量。新公共管理理论的提出背景是西方国家政府管理在 20 世纪 80 年代面临严重危机，传统的公共行政模式已无法适应信息社会的快速发展，也无法有效解决政府面临的问题。

新公共管理理论的主要特点有：一是强调在公共部门中运用商业管理的理论、方法和技术，以提高公共管理的水平和质量。二是强调在解决公共问题、满足公民需求方面增强有效性和回应力，重视公共服务的效率和最终结果。三是强调政府服务的顾客导向，重视公民的需求和满意度。四是提倡政府组织结构的去科层化，简化政府职能，实现作业流程的电子化。五是该理论建立在经济学理论和企业管理理论基础上，更加注重管理的科学化与实用性。

新公共管理理论强调政府管理的效率、效果和透明度。在就业公共服务领域，这一理论要求政府通过引入市场竞争机制、采用先进的管理技术和方法等手段，提高就业公共服务的供给效率和质量，满足劳动者多样化的就业需求。

新公共管理理论在西方国家公共管理实践中发挥了重要作用，但同时也存在一定的局限性，如对公共性和价值性的忽视等。在我国，研究新公共管理的理论与实践，借鉴其经验和教训，对于加快社会主义市场经济条件下的行政体制改革具有重要意义。

第二节　新时代就业公共服务体系建设顺利发展

一、新时代就业公共服务体系建设的主要成就

新时代就业公共服务体系建设的主要成就显著，这些成就不仅体现在就业服务的普及与提升上，还体现在就业政策的完善、就业结构的优化以及就业质量的提升等多个方面。以下是对这些主要成就的详细归纳：

一是就业服务体系日臻完善。五级公共就业服务网络初步形成，全国县（区）以上普遍设立了就业公共服务机构，超过98%的街道、乡镇建立了服务窗口，提供登记招聘、登记求职、职业指导、职业介绍、创业指导等免费服务。各级公共就业和人才服务机构年均为数千万人次劳动者、数百万户次用人单位提供招聘服务。人力资源服务业良性发展：人社部数据显示，截至2023年底，全国共有各类人力资源服务机构6.99万家，从业人员105.84万人，当年全行业为3.31亿人次劳动者提供了各类就业服务，为5599万家次用人单位提供了专业支持。

二是就业政策与机制创新。党的十八大以来，党中央高度重视就业问题，始终把促进就业摆在优先位置，作出一系列决策部署，推动就业工作取得历史性重大成就。强化财政、货币、投资、消费、产业、区域等政策对就业的支持，形成政策合力。大力健全就业影响评估机制，确保政策制定和实施过程中充分考虑对就业的影响。

三是就业结构优化与质量提升。过去十多年来，城镇就业规模持续扩大，就业结构不断优化。城镇就业人数显著增加，城镇调查失业率总体低于预期调控目标。城乡就业格局发生历史性转变，城镇就业人员比重超过乡村，第三产业吸纳就业能力显著提高。就业质量不断提升，劳动者工资

水平持续提高，城镇单位就业人员工资性收入较 2012 年翻了一倍。全员劳动生产率显著提升，从 2012 年的 8.1 万元 / 人提升到 2023 年的 15.8 万元 / 人。

四是重点群体就业保障。在高校毕业生人数连年增长的情况下，实现了就业水平总体稳定，每年毕业去向落实率均稳定在 90% 以上。农民工总量显著增加，2023 年脱贫劳动力务工规模保持在 3396.9 万人以上。通过加强就业援助帮扶，累计实现大量失业人员再就业和就业困难人员就业。

五是职业技能培训与提升。高度重视职业技能培训，实施职业技能提升行动，累计开展政府补贴性培训 8300 多万人次。推行终身职业技能培训制度，提高劳动者技能水平，促进就业增收、缓解结构性就业矛盾。中央预算内资金大幅度投入支持地方建设公共实训基地，开展劳动者职业技能培训。

六是劳动者权益保护。完善劳动关系法律法规体系，保护劳动者利益，劳动关系总体保持和谐稳定。完善省市县三级监察执法网络，对各类用人单位执行法律法规情况进行监督检查。

综上所述，新时代就业公共服务体系建设的主要成就包括就业服务体系的完善、就业政策与机制的创新、就业结构的优化与质量提升、重点群体就业的保障、职业技能培训与提升以及劳动者权益保护等多个方面。这些成就为促进我国经济社会协调发展、实现充分就业和高质量发展奠定了坚实基础。

二、就业公共服务体系建设的典型案例

以下是近些年全国各地就业公共服务体系建设的一些典型案例：

1. 江西南昌新建区

探索推动"1+18+N"公共就业服务体系建设，多维度、全范围打造"5+2 就业之家"样板。将其列入 2024 年度全区十大民生项目工程，按照

"分级分类""五统一"的原则，确定区、乡镇两级"政府建、市场管"，村社区级"市场建、政府补"的工作规则。已建成溪霞镇、长埫街道两个乡镇级和花果山社区等4个村社区级就业之家。按照构建城区15分钟就业服务圈和农村15公里就业服务圈的目标，确定"乡镇一级全覆盖，社区（村）综合考量"的建设任务，综合考量各种因素确定"1+18+42"的就业之家网点布局。同时，对各个就业之家的功能等进行优化，在原农民工综合服务中心基础上升级改造区级就业之家，推进相关服务模式；打通就业供需一体化云平台与江西省就业之家平台，归集各类公共就业求职招聘信息。此外，建设各级各类乡镇级就业之家，如在开发区侧重"援企稳岗＋招聘用工"服务等。

2.江苏江阴市

打造服务＋援企稳岗"护航"，服务＋就业扶贫"远航"，服务＋就业招工"试航"，服务＋创业带动"领航"，服务＋职业培训"续航"的"5+"公共就业服务体系。通过该体系提供了大量就业岗位，增加了城镇新增就业人数，并解决了部分困难人员再就业问题。具体举措包括加大对困难企业的扶持力度，落实相关补贴政策；创新就业扶贫举措，加大对口就业扶贫力度并拓展劳务基地；加强对重点行业、企业用工的动态监测服务，推进校企合作对接；加大创业帮扶力度，扩大创业贷款规模；深入开展"菜单式"培训，推动"互联网＋培训"并优化相关课程等。

3.上海市松江区

聚焦构建"好邻居"服务体系，打造"15分钟生活区"，推动公共服务设施向农村社区延伸。以农村居民需求为导向，打造三级服务空间，制定三份清单明确服务内容，完善社区服务制度，增强服务意识，提升农村社区服务水平和质量。

4.南康区

一是搭建区、乡、村三级就业服务平台，通过政府购买服务方式，与江西九方人力资源有限公司合作，运用先进技术实现"线上＋线下"同步招聘服务。二是建设公益性的"零工驿站"，集多功能区于一体，配备相关设施，拓宽求职者就业渠道。三是实施再造十万南康木匠行动，发挥"南康木匠"劳务品牌效应，给予相应奖励，激励脱贫劳动力参与。四是打造高技能人才共建共享培训基地，设置多种培训工种，引导未就业脱贫劳动力参加培训并给予补贴。

5. 新晃侗族自治县

积极搭建"牛帮帮"就业驿站，打造"一站式"公共就业服务平台。按照统一模式建成覆盖全县的服务平台，制定考核管理制度，选拔配备人社协理员并招募志愿者，组织搭建就业创业指导专家团提供服务。聚焦人力资源高频业务，为居民提供"一站式"就业公共服务，实现了"一门办""就近办""精准办"，全方位为民开放。2023年以来，在转移就业、开发公益性岗位、发放创业贷款等方面取得成效，解决了众多群众就业、社保、劳动维权等各类问题。

6. 杭州市

杭州市积极打造"数智就业"便民服务平台，该平台于2021年正式上线，旨在通过数字化手段提高就业服务的效率和便捷性。一是无纸化办理与一键申请。平台利用大数据分析技术，实现了就业相关事项的无纸化办理和一键申请。用户可以通过平台快速办理失业保险金、失业补助金、技能提升补贴等就业相关事项。二是开展智能咨询。平台内置智能机器人，能够即时回答政策咨询，为用户提供24小时不间断的就业政策咨询服务。此外，还提供了招聘会信息查询、见习岗位推送等就业服务。三是用户友好。用户首次使用时，可以通过搜索杭州人力社保微信公众号，进入办事大厅的"数智就业"板块进行实名注册。系统会自动推送用户当前可办理的事项，用户只需一键确认即可完成办理。四是业务办理与培训。平台已成功办理业务3000余件，接受在线咨询1.2万余次。除了业务办理，平台还为基层工作人员提供无时间差别的培训指导，帮助他们更高效地开展工作。五是就业服务模式创新。杭州市人力社保局通过推出"数智就业"平台，创新了数字就业服务模式，实现了从"我要办"到"带我办"，从"人找政策"到"政策找人"的转变。

7.苏州市

苏州市残联和人社局联合开展了以"就业帮扶，真情相助"为主题的就业援助月专项活动。这主要是针对困难群体，特别是残疾人的就业帮扶。活动包括举办残疾人专场招聘会，促进残疾人实现更加充分和更高质量的就业。苏州市人社局在2024年1月25日至4月8日开展春风行动。此行动主要面向有就业创业意愿的农村劳动者，特别是脱贫人口、农村高校毕业生以及就业困难群众。行动内容包括提供稳岗位、保用工、促就业服务，旨在推动实现稳就业增民生福祉、保用工促企业发展、提热度强市场信心。苏州市人社局启动了就业服务质量提升行动，以推动高质量就业先行区和劳动者就业创业首选城市的建设。此行动强调了数字服务、重点群体的精准帮扶，以及公共就业服务质量的提升。总的来说，苏州市的就业援助行动涵盖了残疾人就业帮扶、农村劳动者就业创业支持、就业服务质量提升等多个方面，旨在通过多元化的措施，促进高质量充分就业。

第三节　国际劳工组织关于就业公共服务的研究

一、国际劳工组织的主要观点

国际劳工组织关于就业公共服务的研究广泛而深入，旨在促进全球范围内的充分就业、劳动权益保护和社会经济进步。以下是根据国际劳工组织的相关研究和指导原则，对就业公共服务的一些关键方面的概述：

1. 就业公共服务的重要性

就业公共服务是指由政府或政府支持的机构提供的，旨在帮助劳动者实现就业、提升就业能力，以及为用人单位提供合适劳动力的一系列服务。这些服务对于促进劳动力市场的高效运作、减少失业、增强社会包容性和稳定性具有重要意义。

2. 重点研究领域

一是关于劳动力市场政策与制度。国际劳工组织致力于研究并推广有效的劳动力市场政策，包括就业促进、失业保险、职业培训、劳动法规等，以支持各国实现充分就业和高质量就业。二是关于就业服务体系建设。研究如何构建和完善公共就业服务体系，包括就业服务机构的设置、人员配置、服务流程、技术支持等方面，以确保为劳动者和用人单位提供高效、便捷的服务。三是关于职业技能开发与培训。强调职业技能培训在提升劳动者就业竞争力中的关键作用，推动各国政府和企业加大对职业培训的投资，开发适应市场需求和产业升级的职业技能培训项目。四是关于劳动权益保护。关注劳动者的基本权益保护，包括工资、工时、工作条件、社会保障等方面的权益，推动各国政府制定和完善相关法律法规，确保劳动者在就业过程中得到公平对待和有效保护。

3. 指导原则与行动

一是聚焦促进体面劳动。国际劳工组织将"体面劳动"作为其核心使命之一，即确保劳动者在自由、平等、安全和尊严的条件下工作，并获得公平的工资和福利待遇。二是聚焦全球就业议程。制定并推动实施全球就业议程，通过政策对话、技术合作和能力建设等方式，支持各国政府制定和实施有效的就业政策。三是聚焦国际合作与援助。加强与国际组织、政府、非政府组织和企业等各方的合作，共同应对全球性就业挑战，如失业、技能短缺、劳动力市场分割等问题。

4. 我国与国际劳工组织的合作

我国作为国际劳工组织的重要成员国之一，积极参与该组织的各项活动，并在就业公共服务领域开展了一系列合作。例如，我国与国际劳工组织在职业技能培训、就业政策研究、劳动力市场监测等方面开展了广泛合作，共同推动我国就业公共服务体系的建设和完善。

综上所述，国际劳工组织在就业公共服务领域的研究和指导对于全球范围内的就业促进和劳动权益保护具有重要意义。我国作为该组织的重要成员国之一，也在积极借鉴和吸收国际经验，不断完善自身的就业公共服务体系。

二、关于就业公共服务效果的评估

一般来说，国际劳工组织会采取多种方法和标准，以确保评估的全面性、客观性和科学性。

1. 评估指标体系

一是就业率与失业率。通过比较不同时间段（如年度、季度）的就业率和失业率数据，间接评估就业公共服务的实际效果。就业率上升和失业率下降通常被视为服务效果良好的表现。反之则反然。二是劳动力参与率。考察劳动力人口占总人口的比例，评估就业公共服务在促进劳动力市场参与方面的成效。三是就业结构与质量。分析就业结构的变化，如第三产业就业比重增加、高技能劳动力占比提高等，以及就业质量的提升，如工资水平、工作条件、社会保障等方面的改善。四是职业培训与技能提升。评估职业培训项目的覆盖面、参与率、完成率以及培训后的就业情况，衡量职业培训在提升劳动者就业能力方面的效果。五是劳动力市场效率与匹配度。通过分析劳动力市场的供需状况、岗位空缺与求职者比例、招聘周期等指标，评估就业公共服务在促进劳动力市场高效匹配方面的成效。

2.评估方法

一是关于数据收集与分析。采用问卷调查、实地调研、数据统计分析等多种方法，收集关于就业公共服务效果的数据和信息。这些数据可能来源于政府部门、企业、劳动力市场中介机构、培训机构等多个渠道。二是关于国际比较与标准参照。将我国的就业公共服务效果与国际上的先进经验和标准进行比较，评估我国的服务水平和成效在国际上的位置。三是关于利益相关者反馈。普遍征求政府、企业、劳动者、社会组织等利益相关者的意见和建议，了解他们对就业公共服务的满意度和需求。

3.评估报告与建议

一要编制评估报告。主要根据评估结果，编制详细的评估报告，总结就业公共服务的成效、存在的问题和挑战，并提出改进建议。二要提出政策建议。主要针对评估中发现的问题和挑战，向政府提出政策建议，帮助政府完善就业公共服务体系，提高服务效果和质量。对我国在就业公共服务方面的成功经验和做法进行提炼和总结，也可以通过国际劳工组织的平台向其他国家分享和推广。

第四节　如何完善就业公共服务体系

一、系统工程

完善就业公共服务体系是一个完备的系统工程，旨在通过优化服务流程、提升服务质量、拓宽服务渠道等措施，为劳动者提供更加全面、高效、便捷的就业服务。

1.现状分析

当前，虽然我国就业公共服务体系已经取得了巨大的成就，但仍存在一些问题，如服务体系不健全、服务质量参差不齐、服务供给不足、信息共享不畅等。这些问题制约了就业服务效能的充分发挥，影响了劳动者的就业体验和满意度。

2. 完善措施

一要加强政策引导与扶持。着力完善政策体系，制定更加积极、灵活、有效的就业政策，包括财政、税收、金融、社保等方面的政策，降低企业用工成本，鼓励企业吸纳就业。加大资金投入，设立专项就业资金，用于支持就业创业、技能培训、职业介绍等公共服务项目。

二要推动信息化建设。高质量建设全国统一的公共就业服务信息平台，实现信息共享和业务协同，提高服务效率。大力推广应用智能终端设备，提供便捷高效的自助服务，如在线求职、职业测评、技能培训等。

三要提升服务质量与效率。完善标准化服务体系，制定统一的就业服务标准和流程，规范服务行为，提高服务质量。切实加强公共就业服务人员的培训和进修，提升他们的专业素质和业务能力。

四要拓宽服务渠道。高质量建立线上线下一站式服务模式，提供全方位的就业服务，如线上招聘、线下培训、远程面试等。进一步加强社区公共就业服务体系建设，将就业服务延伸到基层，实现公共就业服务向基层延伸。

五要加强监督与评估。高质量建立健全监督评估机制，定期对公共就业服务机构进行评估和监督，确保服务质量和效率。积极引入第三方评估机构，对公共就业服务的效果进行客观公正的评估。

3. 创新实践

一要完善多元化供给模式。鼓励和支持社会力量参与公共就业服务供给，形成政府、市场和社会共同参与的多元化供给格局。加强与高校、职业培训机构、企业等合作，共同推进公共就业服务体系建设，提高服务质量和水平。

二要完善智能化服务。通过大数据分析，精准匹配岗位和人才，提高公共就业服务的精准度和效率。完善人工智能应用，推广智能化的就业服务平台和工具，如智能推荐系统、在线聊天机器人等，为劳动者提供更加个性化的服务。

三要实施跨区域合作。通过创新合作机制，加强跨区域合作与交流，共同应对就业挑战和机遇，推动就业服务资源的优化配置和共享。推动各地就业政策的协同和衔接，形成政策合力，提高政策效果。

4.未来展望

未来，随着技术的不断进步和就业市场的不断变化，完善就业公共服务体系将面临更多的机遇和挑战。需要不断创新服务模式、拓宽服务渠道、提升服务质量与效率，以更好地满足劳动者的就业需求和用人单位的招聘需求。同时，还需要加强与国际社会的交流与合作，借鉴国际先进经验，推动我国就业公共服务体系不断迈上新台阶。

二、突出信息化

推进就业信息共享是提升就业公共服务效率和质量的重要措施。

一要确立信息共享的目标和原则。明确就业信息共享的目的，如提高就业率、促进劳动力市场匹配等。制定信息共享的基本原则，包括数据的准确性、及时性、安全性、隐私保护等。

二要构建统一的信息共享平台。开发一个统一的就业信息共享平台，整合各类就业资源，提供一站式服务。确保平台具备良好的用户体验，易于求职者、用人单位和就业服务机构使用。

三要制定信息共享的标准和规范。制定就业信息共享的内容标准，包括所需信息的种类、格式、更新频率等。确定技术规范，以便不同系统之间能够无缝对接和交换数据。

四要打破信息孤岛，实现数据互联互通。彻底消除政府部门、公共就业服务机构、教育机构、企业等之间的信息壁垒。通过 APIs、数据接口等技术手段，实现不同信息系统之间的互联互通。

五要加强信息安全和个人隐私保护。制定严格的信息安全和个人隐私保护政策，确保数据安全。对敏感数据进行加密处理，限制数据访问权限，防止数据泄露。

六要促进公共就业服务机构的信息化建设。提升公共就业服务机构的信息化水平，使其能够高效地收集、处理和发布就业信息。为就业服务机构提供必要的技术支持和培训。

七要鼓励社会力量参与信息共享。鼓励私营就业服务机构、互联网招聘平台等社会力量参与信息共享。通过政策激励和合作机制，促进政府与社会力量之间的信息共享。

八要定期更新和维护信息。通过定期收集和更新就业信息，确保信息的准确性和实用性。对信息共享平台进行定期维护和技术升级。

九要开展宣传和培训活动。加大对就业信息共享平台和服务的宣传力度，提高公众的知晓度和使用率。对求职者、用人单位和就业服务人员进行培训，提升他们利用就业信息的能力。

十要建立监测和评估机制。建立就业信息共享的监测和评估机制，定期检查信息共享的效果。根据评估结果调整信息共享策略，持续优化共享平台和服务。

通过上述步骤，可以有效地推进就业信息共享，提升就业服务的效率和质量，帮助求职者更快地找到合适的工作，同时也为企业招聘提供便利。

本章参考文献：

［1］张亨明，尹小贝 . 我国就业公共服务体系的实践困境与突破路径 . 东岳论丛 [J]，2023（7）.

［2］许琛，唐琳，舒茗溪 . 中国式现代化进程中高质量就业的路径探析 . 重庆社会科学 [J]，2024-（5）.

［3］王晓峰，刘华伟 . 理解人口高质量发展：理论意蕴、支撑要素与实践路径 . 人口研究 [J]，2023（5）.

［4］杨伟国 . 强化就业优先政策 . 前线 [J]，2023（10）.

［5］刘蓉 . 新就业形态劳动保障法制化实践与探索 . 兰州学刊 [J]，2023（9）.

［6］石丹淅，王宝成 . 新发展阶段我国稳就业的现实困境与纾解路径 . 三峡大学学报（人文社会科学版）[J]，2023（5）.

第六章　着力解决结构性就业矛盾

2024 年 5 月 27 日，习近平总书记在中央政治局就促进高质量充分就业进行第十四次集体学习时指出，要加快塑造素质优良、总量充裕、结构优化、分布合理的现代化人力资源，解决好人力资源供需不匹配这一结构性就业矛盾。适应新一轮科技革命和产业变革，科学研判人力资源发展趋势，统筹抓好教育、培训和就业，动态调整高等教育专业和资源结构布局，大力发展职业教育，健全终身职业技能培训制度。完善供需对接机制，力求做到人岗相适、用人所长、人尽其才，提升就业质量和稳定性。加强宣传教育，引导全社会牢固树立正确就业观，以择业新观念打开就业新天地。深入分析一些行业出现用工缺口的原因，从破解"有活没人干"入手，解决"有人没活干"的问题。

第一节　结构性就业矛盾是现阶段就业
面临的突出矛盾

就业是最大的民生。解决好我国 8 亿人的就业问题，实现高质量充分就业，始终是党和政府推进经济社会发展的重中之重，也是推进中国式现代化的重要目标。一边是"有活没人干"，另一边是"有人没活干"，这看似矛盾的两幅画面同框，便是结构性就业矛盾的真实写照。着力解决结构性就业矛盾，这是实施就业优先战略和积极就业政策的重要举措，对进一步提高就业质量和人民收入水平，推进中国式现代化具有十分重要的现实意义。

一、什么是结构性就业矛盾

所谓结构性就业矛盾是指劳动力供给与需求在结构上的不匹配所导致的一系列就业问题。其中，既有客观上的问题，也有主观上的问题，两者交织在一起，十分复杂。这种矛盾主要体现在以下四大方面：

一是技能与岗位需求不匹配。随着产业结构的升级和技术的快速进步，市场对高技能人才的需求日益增加，而部分劳动者的技能水平却无法满足这些需求，导致"有人没活干，有活没人干"的现象。

二是产业结构与就业结构不匹配。在经济转型升级的过程中，一些传统行业逐渐衰退，而新兴行业则快速发展。然而，由于劳动力市场的调整速度相对较慢，导致传统行业的劳动力过剩，而新兴行业则面临人才短缺的问题。

三是地区间就业不平衡。不同地区的经济发展水平和产业结构存在差异，导致劳动力在地区间的流动存在障碍。一些地区由于经济相对落后或产业结构单一，就业机会有限，而另一些地区则由于经济发达或产业结构多元，吸引了大量劳动力涌入，造成就业市场的供需失衡。

四是就业观念与市场需求脱节。部分劳动者的就业观念还停留在过去，对新兴行业或就业形态缺乏了解和认可，导致他们难以适应市场变化，错失就业机会。

上述结构性就业矛盾的存在不仅会影响劳动者的就业质量和收入水平，还会对经济的持续健康发展产生不利影响。因此，解决结构性就业矛盾是当前和今后一个时期就业工作的重点任务之一。

二、结构性就业矛盾是一个世界性问题

国际劳工组织认为结构性就业矛盾是指劳动力市场上存在的供需不匹配问题，即某些岗位劳动力过剩，而另一些岗位则劳动力短缺。这种矛盾往往与经济发展、产业结构调整、技术进步以及劳动者技能结构等因素有关。

1. 结构性就业矛盾的表征

——关于全球失业率与就业缺口。国际劳工组织发布的报告显示，全球失业率虽有所下降，但就业缺口依然巨大。例如，预计 2024 年全球失业率为 4.9%，较去年下降 0.1%，但全球就业缺口仍高达 4.02 亿人。

——关于就业机会的性别差距。国际劳工组织发现女性在就业机会和收入方面与男性存在显著差距，尤其是在低收入国家。这种性别不平等现象加剧了就业市场的结构性矛盾。

——关于非正规就业与老龄化问题。国际劳工组织报告还关注了非正规就业和人口老龄化对就业市场的影响。非正规就业问题在亚太地区尤为突出，过去十年间仅改善了 2%。同时，人口老龄化将对维持经济增长构成挑战，需要采取措施确保老年劳动者的劳动力市场前景。

2. 结构性就业矛盾的成因

一是源于产业结构升级与技能需求变化。随着产业结构的升级和技术的快速进步，劳动力市场对技能的需求也在不断变化。一些传统行业的岗位需求减少，而新兴行业和高技能岗位的需求增加。

二是源于教育与培训体系滞后。教育与培训体系未能及时跟上市场需求的变化，导致毕业生难以适应新岗位的要求，从而加剧了就业市场的供需矛盾。

三是源于劳动力市场分割。劳动力市场存在城乡间、区域间以及行业间的分割现象，限制了劳动力的自由流动和有效配置。

三、国际劳工组织有关应对策略与建议

国际劳工组织在结构性就业矛盾方面进行了全面而深入的研究，并提出了相应的应对策略与建议。这些研究成果对于各国政府和企业制定就业政策、推动经济发展具有重要参考价值。

一要加强教育与培训。加大对职业教育和技能培训的投入，提高劳动者的技能水平和就业能力。同时，加强与企业的合作，实现教育与产业的无缝对接。

二要促进劳动力流动。打破劳动力市场分割的壁垒，促进劳动力在城乡间、区域间以及行业间的自由流动。通过政策引导和市场机制的作用，实现劳动力资源的优化配置。

三要推动产业升级与创新。加大对新兴产业的扶持力度，推动传统产业转型升级。通过技术创新和产业升级创造更多高质量的就业岗位，满足劳动力市场的需求。

四要完善社会保障体系。建立健全的社会保障体系，为失业者和低收入群体提供必要的生活保障和就业援助。同时，加强对女性劳动者的权益保护，缩小性别差距。

第二节　研究结构性就业矛盾的主要理论

目前，学术界研究结构性就业矛盾的主要理论涉及多个方面，这些理论从不同角度解释了就业市场上供需不匹配的原因及其影响。

一、技术劳动力市场分割理论

技术劳动力市场分割理论，也称为劳动力市场分割理论，主要探讨了

劳动力市场中存在的分割现象。这一理论起源于对新古典经济学理论的挑战，特别是关于劳动力市场的统一性和竞争性的假设。劳动力市场被分割为主要劳动力市场和次要劳动力市场。主要劳动力市场通常提供高工资、稳定的工作、良好的工作条件、培训机会多和良好的晋升机制。而次要劳动力市场则相反，工资低、工作不稳定、工作条件差、培训机会少、缺乏晋升机制。技术劳动力市场分割理论指出，劳动力市场并非完全统一和均质的，而是被分割成不同的部分，每部分具有不同的工资决定机制和劳动力流动障碍。这种分割导致了不同技能水平劳动者之间的就业差异。在结构性就业矛盾中，技术劳动力市场分割理论可以解释为什么某些高技能岗位劳动力短缺，而低技能岗位则劳动力过剩。这种分割阻碍了劳动力的自由流动和有效配置，加剧了就业市场的供需矛盾。

二、人力资本理论及其修正（信号理论和筛选理论）

一方面，人力资本理论起源于 20 世纪，由经济学家西奥多·W. 舒尔茨等人提出。该理论强调教育在经济增长中的作用，认为教育投资能够提高劳动者的技能和生产率，从而促进经济发展和消除贫困。人力资本理论主张，教育不仅增加了个人的知识和技能，而且是一种投资，能够带来经济效益。舒尔茨的人力资本理论认为，教育与就业具有确定的正相关关系，即受教育程度越高，越容易找到工作并获得更好的薪酬待遇。然而，这一理论在解释高等教育大众化阶段的就业不确定性时显得不足。

另一方面，为了弥补人力资本理论的不足，斯潘斯、罗格特和哈特戈等经济学家提出了信号理论和筛选理论。信号理论和筛选理论是对人力资本理论的修正和发展。这两个理论主要关注教育在劳动力市场中的信息功能和分配作用，而不仅仅是其生产功能，尤其是教育作为一种信号或筛选工具的功能。这些理论认为，教育不仅增加了劳动者的知识和技能，还向雇主传递了有关劳动者能力的信号。雇主通过教育水平来筛选和识别潜在

的优秀员工。然而，在现实中，教育与就业的不确定性增加，导致信号和
筛选机制可能失效，从而加剧了结构性就业矛盾。

三、经济结构与劳动力结构不匹配理论

经济结构与劳动力结构不匹配理论主要探讨了经济和劳动力市场之间
的不协调问题，这种现象在很多国家都存在，特别是在经济快速发展和转
型的时期。这一理论强调经济结构和劳动力结构之间的不匹配是导致结构
性就业矛盾的主要原因。随着经济发展和产业结构的升级，劳动力市场的
需求也在不断变化。然而，由于教育、培训等方面的滞后性，劳动力市场
的供给往往难以迅速适应这些变化。在解释结构性就业矛盾时，经济结构
与劳动力结构不匹配理论可以揭示出为什么某些行业或岗位劳动力短缺，
而另一些则劳动力过剩。这种不匹配要求政府和企业采取积极措施来推动
教育与产业的深度融合，加强职业培训，提高劳动力的适应性和灵活性。
在中国，随着经济结构的转型和产业升级，这种不匹配现象愈发明显。一
方面，新型产业和高端制造业存在大量的用工缺口；另一方面，大量劳动
力，尤其是大学毕业生，面临就业难的问题。

四、劳动力市场功能理论

劳动力市场功能理论，也称为劳动力市场理论或人力资源市场理论，
主要研究人力资源的商品属性问题，以及人力资源市场的性质、特点、转
化及运行调控机制等问题。这一理论起源于20世纪70年代初期，由皮
奥雷（M. Pioer）、多林格（P. Doering）、戈登（D. Gordon）和卡诺依（M.
Carnoy）等学者代表。劳动力市场功能理论关注劳动力市场在配置劳动力资
源方面的作用。一个运转稳定、配置有效的劳动力市场能够降低劳动力供
给与需求的匹配摩擦，提高就业效率。然而，如果劳动力市场功能存在缺
陷或不完善，就可能导致结构性就业矛盾的产生。在解决结构性就业矛盾

时，需要关注劳动力市场的功能发挥情况。政府可以通过完善劳动力市场政策体系、加强公共就业服务、提高就业信息透明度等措施来优化劳动力市场的功能，促进劳动力的有效配置和流动。

综上所述，研究结构性就业矛盾的主要理论包括技术劳动力市场分割理论、人力资本理论及其修正（信号理论和筛选理论）、经济结构与劳动力结构不匹配理论以及劳动力市场功能理论等。这些理论从不同角度揭示了结构性就业矛盾的成因和影响，为制定有效的就业政策提供了重要的理论支持。

第三节　着力解决结构性就业矛盾

着力解决结构性就业矛盾是当前经济社会发展中的重要任务之一。

一、当前我国结构性就业矛盾的种种表现

当前我国结构性就业矛盾的表现多种多样，主要可以从以下几个方面进行归纳：

一是产业结构与就业结构不匹配。传统产业与新兴产业的就业差异形成鲜明的对照。随着我国经济结构的转型升级，传统产业如煤炭、钢铁等行业面临产能过剩和转型压力，导致部分地区和企业下岗人员增多，隐性失业情况严重。而新兴产业如人工智能、大数据、云计算等则对高技能人才的需求急剧增加，但市场上相关人才供给不足，高技能人才一直短缺。据人力资源和社会保障部统计数据显示，目前技能劳动者数量只占全国就业人员总量的1/5，而高技能人才数量更是不足6%。高技能人才短缺现象严重，成为制约产业升级和经济发展的重要因素。

二是教育与就业需求脱节严重。大学毕业生就业比较困难，由于我国

产业结构调整加快，而相应的教育培养结构滞后于经济社会需求的实际变化，导致大学毕业生就业结构性错配现象明显。部分高校毕业生难以找到与所学专业对口的就业岗位，而一些企业则难以招到合适的人才。部分学校专业设置和教育模式与市场需求不一致，也导致毕业生在就业市场上缺乏竞争力。尽管高等教育和职业教育相关部门已开始根据劳动力市场变化改革专业课程和教育模式，但教育改革和见效周期较长，难以及时响应市场需求。

三是劳动力技能结构与岗位需求不匹配。低技能大龄劳动者、高校毕业生、技能不足者等群体面临较大的就业难问题。技术进步和产业结构升级带动大量岗位从传统制造业向新型制造业、现代服务业转型，对劳动者素质和技能提出新要求。而低技能劳动者由于技能水平有限，难以适应新岗位的需求。技能人才总量供不应求，目前我国各级技能人才总量虽已超 2 亿人，但占就业人员总量仅 26% 左右；高技能人才虽已超 6000 万人，但占技能人才的比重不到 30%。技能人才总量偏低且培育速度跟不上产业转型升级的需求。最新数据显示，到 2025 年我国制造业 10 大重点领域人才总量将接近 6200 万人，人才需求缺口将近 3000 万人，缺口率高达 48%。相关技能人才的薪资水平因此不断水涨船高。

四是就业观念与市场需求不一致。现阶段青年群体择业偏好正在发生深刻变化，更加注重工作与生活平衡、个人成长和发展以及薪资福利等因素。而新就业形态往往在工作稳定性、职业发展、工作时间、社会保障等方面存在不足，对青年人的吸引力较低。而部分劳动者仍持有传统就业观念，对新兴行业和岗位缺乏了解和认同，导致在就业市场上错失良机。

五是地区间就业矛盾比较突出。我国各地区经济发展水平存在明显差异，导致地区间就业机会和收入水平也存在较大差距。一些经济欠发达地区面临严重的就业问题，而经济发达地区则出现人才过剩和竞争激烈的现象。劳动力流动受限，特别是户籍制度、社会保障制度等因素限制了劳动力的自由流动和有效配置，加剧了地区间就业矛盾。

综上所述，当前我国结构性就业矛盾的表现多种多样，涉及产业结构、教育培养、技能结构、就业观念以及地区发展等多个方面。

二、对策建议

为了有效缓解上述矛盾，需要政府、企业和社会各界共同努力，推动产业结构升级、教育改革、技能培训以及就业观念转变等方面的综合施策。

一要完善就业优先政策。健全高质量充分就业促进机制，完善就业公共服务体系，为劳动者提供更加全面、便捷的就业服务。深入实施就业优先战略和更加积极的就业政策，将扩大就业作为经济社会发展的优先目标。

二要加快塑造现代化人力资源。建立健全终身职业技能培训制度，大规模开展职业培训，提高劳动者的就业适应能力和技能水平。推动教育与产业的有效衔接，提高人才培养的针对性和实用性。针对新兴产业和岗位的需求，加强相关技能的培训和推广。

三要优化就业观念与引导。加强就业观念的引导和宣传，帮助劳动者树立正确的就业观念，增强对新兴行业和就业形态的认知和接受度。通过政策激励和宣传引导，鼓励劳动者到基层、到中西部地区、到新兴行业就业创业。

四要促进劳动力流动与供需匹配。打破地区、行业间的壁垒，促进劳动力在地区间、行业间的自由流动。建立健全劳动力市场信息发布机制，提高信息的时效性和准确性，为劳动者和用人单位提供精准的供需匹配服务。加强区域间的合作与交流，推动区域经济的协调发展，为劳动力流动创造更好的条件。

六要培育和弘扬工匠精神。工匠精神强调对细节的关注、对质量的追求和对创新的持续探索。通过培育工匠精神，可以提高全体劳动者的技能水平，使他们更能适应市场需求，从而缓解结构性就业矛盾。这也需要改变社会对职业教育的刻板印象，提高技能人才的社会地位，并通过政策和教育体系的改革来促进这一过程。

七要特别关注非典型矛盾与特殊群体。针对性别供求不对称性失业等问题，加强相关法律法规的制定和执行力度，保障劳动者的平等就业权利。加大对特殊群体的就业支持力度，如高校毕业生、农民工、退役军人等群体，为他们提供更加精准的就业服务和政策支持。

八要增强创业创新对就业的带动作用。国家发展改革委等部门组织实施了创业带动就业示范行动，特别关注高校毕业生群体的创业就业。这包括提供优质创新创业教育、培训、实习等资源，降低创新创业门槛，帮助高校毕业生提升创业就业能力，创造更多高质量就业机会，从而缓解结构性就业矛盾。

总而言之，着力解决结构性就业矛盾需要政府、企业、社会和个人等多方面的共同努力。通过完善就业优先政策、加强职业培训与技能提升、优化就业观念与引导、促进劳动力流动与供需匹配以及关注非典型矛盾与特殊群体等措施的实施，可以逐步缓解结构性就业矛盾带来的问题，推动实现更高质量、更充分的就业。

第四节　各地对解决结构性就业矛盾的积极探索

目前各地在解决结构性就业矛盾方面进行了多种有益的探索和尝试，以下是对于一些典型案例的归纳：

一、宁波市多措并举化解结构性就业矛盾

1.实施外地引才与校企合作。宁波市慈溪市通过实施"丝路助学乐业工程"，联合企业与高校在学生助学、实习、就业等方面开展合作。该工程

资助困难学生与企业签订就业协议，由企业逐年偿还其助学贷款，并提供实习和就业机会。慈溪全市共有12家企业参与该工程，累计从兰州信息科技学院等高校招收引进毕业生，有效缓解了企业用工难题。

2.强化内部培训与技能提升。宁波某公司通过建立完备的培训制度，包括师徒制、内部讲师制度、技能模块化培训等，帮助员工快速成长。项目负责人吴某从一名中专生逐步成长为"仪器仪表维修工高级技师""中级工程师"等，其成功经历是公司培训体系的缩影。公司通过内部培训提升了员工技能水平，增强了企业竞争力，同时也为员工提供了更广阔的职业发展空间。

3.整合政策支持与服务。宁波市就业管理中心等政府部门积极出台政策，支持企业用工和劳动者就业。例如，提供就业指导、技能培训、创业扶持等服务，帮助劳动者提升就业能力。政策支持和服务有效促进了人力资源的合理配置，缓解了结构性就业矛盾。

二、河南省深化产教融合推动技能人才培养

1.采取工学一体化教学模式。郑州商业技师学院通过推进工学一体化教学育人模式，为青年技能人才成长提供了广阔舞台。学生徐某在专业老师指导下，糖艺技艺水平突飞猛进，并在国内外技能大赛上获奖。这个工学一体化教学模式有效提升了学生的实践能力和综合素质，培育出了大批受社会欢迎的技能人才。

2.推广职业技能培训与认证。河南省大力开展职业技能培训，推进企业自主开展技能人才评价。通过完善职业技能培训体系，提高劳动者的技能水平和就业竞争力。数据显示，河南省近年来参加各类职业技能培训的人数显著增加，新增技能人才和高技能人才数量大幅提升。

三、北京市实施"高技能人才引进计划"

北京市通过实施"高技能人才引进计划",吸引国内外优秀人才来京发展。同时,加强职业教育和技能培训,提高本地劳动者的技能水平。北京市实施的"高技能人才引进计划"主要包括以下几个方面:

1. 落实18条工作举措。北京市政府发布了《关于加强新时代首都高技能人才队伍建设的实施方案》,包含18条工作举措,旨在健全高技能人才的培养、使用、评价和激励制度,打造符合新时代首都发展的高技能人才队伍。

2. 瞄定技能人才总量与比例。截至2023年底,北京市的技能人才总量为347万人,占就业人员的31%,其中高技能人才总量为118万人,占技能人才的34.6%。为实现更高质量的发展,北京市计划提高技能人才的储备和结构比例。

3. 坚持政企社协同、产教训融合。北京市计划强化政企社协同、产教训融合,加大高技能人才培养力度。例如,将高技能人才培养规划的制定和实施情况纳入国有企业考核评价体系。

4. 直接引进优秀高技能人才。凡是符合条件的优秀高技能人才可以直接办理人才引进,享受住房、教育、医疗等各方面保障服务。

5. 高技能人才可直接获北京户口。北京市提出要全面提高高技能人才的政治待遇、经济待遇、社会待遇。例如,享受国务院政府特殊津贴的高技能人才等五类人,可按规定直接办理人才引进,获得北京市户口,其配偶及未成年子女可一并随调随迁。

6. 重视技能人才评价与激励。北京市计划健全职业技能评价制度,对设有高级技师的职业(工种),建立八级工职业技能等级(岗位)序列,并支持对优秀技能人才直接认定或破格晋升职业技能等级。

四、广东省积极推动产教融合和校企合作

广东省作为制造业大省，积极推动产教融合和校企合作，以培养更多高技能人才，并促进高质量发展。通过建立多个职业教育集团和实训基地，加强学校与企业之间的合作与交流，共同培养适应市场需求的高素质技能人才。以下是几个关键点：

1. 专门成立广东省高等教育学会产教融合与校企合作研究分会。2023年11月，广东省高等教育学会成立了产教融合与校企合作研究分会，并举办了第三届南博教育论坛。这个分会的目标是推动产业与教育的深度融合，打破传统观念束缚和体制机制障碍，实现共融、共创、共生。它主张政府部门、高校、科研机构、行业企业协同共进，探索构建政行企校协同的产教融合发展新格局。

2. 广东省第二批产教融合型企业入库培育。广东省发展改革委公布了第二批产教融合型企业入库培育的通知。这些企业被纳入产教融合型企业储备库，并需制定产教融合、校企合作三年规划。这些企业将在高等学校、职业院校办学和深化改革中发挥重要主体作用，促进校企协同育人、产学研合作、促进就业。

3. 广州城建职业学院的校企合作案例。广州城建职业学院在广东省产教融合大会上分享了其校企合作的典型案例。这个案例展示了学校在产教融合、校企合作方面的典型成果和创新实践。学校与政府、行业企业合作，共同培育直播领域的精英人才，通过基地定位、运营模式、实施进展和成果等方面展示了其实施经验和成效。

总而言之，目前全国各地在解决结构性就业矛盾方面进行了多种有益的尝试和探索。通过外地引才、校企合作、内部培训、政策支持与服务等多种措施的综合运用，有效缓解了人力资源供给与岗位需求之间的不匹配问题。这些典型案例为其他地区提供了宝贵的经验和借鉴。

本章参考文献：

[1] 王阳，杨宜勇.大国就业：结构性失衡与应对之道 [M].中国工人出版社，2022.

[2] 谭永生.如何破解劳动力市场结构性失衡问题.中国经贸导刊 [J]，2016(4).

[3] 蔡昉.数字经济发展必须具有分享性.中国中小企业 [J]，2021（7）.

[4] 吴绮雯."十四五"时期高质量就业面临的挑战及解决思路.经济纵横 [J]，2021（7）.

[5] 郭启民，李志明."十四五"时期实施就业优先战略的实践意义和重点路径——学习习近平总书记关于就业优先的重要论述.新视野 [J]，2021（7）.

[6] 荣晨.推动制造业高质量发展须把"稳就业"放在突出位置——兼析新一轮科技革命进程中的就业结构变化.价格理论与实践 [J]，2021（6）.

第七章　完善重点群体就业支持体系

2024 年 5 月 27 日，习近平总书记在中央政治局就促进高质量充分就业进行第十四次集体学习时强调，要完善重点群体就业支持政策。坚持把高校毕业生等青年群体就业作为重中之重，开发更多有利于发挥所学所长的就业岗位，鼓励青年投身重点领域、重点行业、城乡基层和中小微企业就业创业，拓宽市场化社会化就业渠道。结合推进新型城镇化和乡村全面振兴，坚持外出就业和就地就近就业并重，多措并举促进农民工就业，引导外出人才返乡、城市人才下乡创业。稳定脱贫人口务工规模和务工收入，防止因失业导致规模性返贫。加强对大龄、残疾、较长时间失业等就业困难群体的帮扶，统筹用好公益性岗位，确保零就业家庭动态清零。做好退役军人、妇女等群体就业工作。党的二十届三中全会进一步要求："完善高校毕业生、农民工、退役军人等重点群体就业支持体系"。突出重点群体是实现就业支持工作目标、提高就业支持工作效率的重要方法论。

第一节　重点群体就业支持体系

一、什么是就业支持体系

就业支持体系是一种综合性的制度安排，旨在通过多种措施和手段，为劳动者提供全方位、多层次的就业帮助和支持，以促进其顺利就业和职业发展。这一体系通常由政府、市场、社会和个人等多个主体共同参与构建，涵盖了政策制定、服务提供、环境营造等多个方面。

具体来说，完备的就业支持体系至少包括以下几个方面：

1.政策支持

政府通过制定和实施一系列就业政策，为劳动者提供制度保障。这些政策可能包括就业促进政策、创业扶持政策、职业技能培训政策、社会保障政策等，旨在解决劳动者在就业过程中面临的各种问题和困难。例如，为高校毕业生提供就业指导服务、为农民工提供职业技能培训、为退役军人提供优先安置和创业扶持等。

2.服务支持

就业服务机构和社会组织为劳动者提供具体的就业服务，如职业介绍、招聘活动、创业指导等。这些服务有助于劳动者了解市场需求、掌握求职技巧、提升就业竞争力。同时，服务机构还可以为劳动者提供心理辅导、法律咨询等支持，帮助其解决在就业过程中遇到的心理问题和法律纠纷。

3.环境支持

营造良好的就业环境是就业支持体系的重要组成部分。这包括加强劳动力市场建设、完善就业信息服务平台、推进就业服务标准化和信息化建设等。通过这些措施，可以降低劳动者的求职成本，提高求职效率，为劳动者提供更加便捷、高效的就业服务。

4.个人支持

除了政府、市场和社会的支持外，劳动者个人的努力也是就业支持体系不可或缺的一部分。劳动者应积极提升自己的职业素质和技能水平，增强自己的就业竞争力。同时，劳动者还应树立正确的就业观念，理性看待就业市场形势，主动适应市场需求变化。

综上所述，就业支持体系是一个多主体、多层次、多领域的综合性制度安排。它通过政策支持、服务支持、环境支持和个人支持等多种方式，为劳动者提供全方位的就业帮助和支持，以促进其顺利就业和职业发展。

二、就业支持体系为什么要聚焦重点群体

就业支持体系聚焦重点群体，主要是基于以下几个方面的考虑：

1.重点群体的特殊性和重要性

关于高校毕业生群体。高校毕业生是国家和社会的宝贵人才资源，他们的就业状况直接关系到国家的发展和社会的稳定。同时，高校毕业生在就业过程中面临着从学校到社会的角色转变，需要更多的支持和指导。

关于农民工群体。农民工是我国产业工人的重要组成部分，他们为城市建设和经济发展做出了巨大贡献。然而，由于户籍、技能等因素的限制，农民工在就业过程中往往面临诸多困难。因此，加强对农民工的就业支持，有助于保障他们的合法权益，促进城乡经济协调发展。

关于退役军人群体。退役军人为国家的安全和稳定付出了巨大牺牲，他们在退役后需要顺利融入社会并实现就业。完善退役军人的就业支持体系，不仅是对他们贡献的肯定，也是维护社会稳定和发展的重要举措。

2.促进就业公平和社会稳定

聚焦重点群体，有助于缩小不同群体之间的就业差距，促进就业公平。通过提供针对性的就业支持和服务，可以帮助这些群体更好地适应市场需求，提高就业竞争力，从而实现稳定就业。这不仅有利于个人和家庭的幸福安康，也有利于社会的和谐稳定。

3.推动经济高质量发展

重点群体的就业状况直接关系到国家经济的发展。高校毕业生、农民工和退役军人是我国劳动力市场的重要组成部分，他们的就业质量和稳定性直接影响到劳动力市场的供需平衡和经济的可持续发展。因此，完善就业支持体系，聚焦重点群体，有助于激发市场活力，推动经济高质量发展。

4.实现政策精准施策

不同重点群体的就业需求和问题各不相同，因此需要针对不同群体的特点制定差异化的就业支持政策。通过聚焦重点群体，可以更加精准地识别和解决他们在就业过程中面临的问题和困难，提高政策的针对性和有效性。这有助于实现政策的精准施策和资源的优化配置。

综上所述，就业支持体系聚焦重点群体是出于对他们特殊性和重要性的认识、促进就业公平和社会稳定、推动经济高质量发展以及实现政策精准施策等多方面的考虑。通过加强对这些群体的就业支持和服务，可以推动就业工作的深入开展和取得实效。

第二节　国际劳工组织就业问题关注的重点群体

国际劳工组织特别关注多个群体的就业问题，这些群体至少包括以下几类：

一、女性就业者

国际劳工组织多次在报告中强调女性在就业机会和收入方面与男性存在的显著差距，特别是低收入国家的女性。例如，在《世界就业和社会展望（2024年5月版）》中，报告指出女性在就业机会和收入方面都与男性有显著差距，低收入国家女性的就业缺口率达到惊人的22.8%，远高于男性的15.3%。此外，即使在女性实现就业的情况下，她们的收入也往往远低于男性，这种不平等现象在全球范围内普遍存在。

女性就业者不如男性的原因涉及多个方面，主要包括社会观念、家庭责任、教育差异以及职场环境等。首先，在一些国家和地区，传统的性别角色观念仍然根深蒂固，这可能导致女性在家庭和职业生涯之间面临更大的压力和期望，使得她们在追求职业发展的道路上受到一定的限制。其次，家庭责任也是影响女性就业的重要因素。在传统观念下，女性往往被视为家庭的主要照顾者和抚养子女的责任人，这可能会使她们在职场中的参与度降低，或者需要更多的灵活性和支持来平衡工作和家庭的矛盾。此外，教育领域中也存在性别差异的问题。在某些领域，女性可能面临较少的平等机会和资源，导致她们的学术表现和职业发展受到限制。这种不平等的教育机会进一步影响了女性的职业发展和收入水平。最后，职场环境也会对女性的就业状况产生影响。一些工作场所可能存在性别歧视和不平等待遇的问题，这使得女性难以获得与男性同等的机会和资源，进而限制了她们的职业发展。然而，值得注意的是，随着社会的进步和性别平等观念的普及，越来越多的女性开始勇敢地追求自己的职业梦想，并在各个领域取得了杰出的成就。为了真正实现性别平等，我们需要从教育、法律和社会观念等多个层面入手，为女性提供更多的支持和机会，让她们能够充分发挥自己的潜力和才能。

二、青年就业者

青年就业问题是国际劳工组织持续关注的重点之一。青年群体，特别是大学毕业生和未接受高等教育的青年，在就业市场上面临诸多挑战，如就业参与率低、就业质量不高等。国际劳工组织发布的《世界就业趋势》和《全球青年就业趋势》等报告，均对青年就业问题进行了深入分析和探讨，并提出了相应的解决方案和建议。

青年就业者相对弱势的原因是多方面的，以下是一些主要因素：一是源于经济结构调整与产业升级。随着科技进步和产业升级，许多传统产业逐渐衰退，导致相关就业岗位大幅减少。这些岗位往往是青年就业者初次进入职场的主要选择之一，因此其减少直接影响到青年就业市场。与此同时，新兴产业和高科技行业对人才的需求不断增加，但这些行业往往对求职者的专业技能、创新能力和综合素质有较高要求。青年就业者由于缺乏相关经验和技能，难以迅速适应这些行业的需求。二是源于教育与就业不匹配。专业设置不合理，部分高校的专业设置与市场需求脱节，导致培养出的毕业生技能与实际工作要求不相符。这使得青年就业者在求职过程中面临技能不匹配的问题，增加了就业难度。一些高校在就业指导方面存在不足，缺乏对学生职业规划、求职技巧和职场适应能力的有效指导。这使得青年就业者在面对激烈的就业竞争时显得力不从心。三是源于人才竞争激烈。近年来，全球的大学毕业生数量逐年增加，使得求职市场供大于求。青年就业者在求职过程中需要面对更加激烈的竞争环境。随着现代企业对人才要求的提高，招聘门槛也相应提高。许多企业在招聘时不仅看重求职者的学历背景，还更加注重其实践经验、专业技能和综合素质。这使得青年就业者在求职过程中需要付出更多的努力。四是源于职场环境与社会压力。大多数国家一些职场中存在的潜规则和不公平现象对青年就业者造成了不良影响。例如，性别歧视、年龄歧视等问题使得部分青年就业者在求职和工作中受到不公正待遇。与此同时，社会对青年就业者的期望往往较高，这给他们带来了较大的心理压力。同时，家庭、朋友等社交圈子的期望也可能对青年就业者的职业选择和发展方向产生影响。五是源于个人因素。一方面，部分青年就业者在求职过程中期望值过高，对薪资、工作环境等方面有较高要求。然而，现实往往难以满足这些要求，导致他们难以找到满意的工作。另一方面，一些青年就业者在职业规划方面缺乏明确的目标和计划，导致在求职过程中盲目跟风或频繁跳槽。这不仅影响了他们的职业发展，也增加了就业的不稳定性。

三、非正规就业者

非正规就业是全球经济中一个不可忽视的现象，国际劳工组织也对此给予了高度关注。《世界就业和社会展望（2024年5月更新版）》和《2024

年亚太地区就业和社会展望》两份报告指出，全球非正规就业的劳动者人数已从 2005 年的约 17 亿增加到 2024 年的 20 亿，减少非正规就业的进展放缓。非正规就业者往往面临工作条件差、缺乏社会保障和法律保护等问题，因此改善非正规就业者的就业状况也是国际劳工组织的重要工作之一。

国际劳工组织对非正规就业需要特别关注的原因主要有：一是源于非正规就业的普遍性。根据国际劳工组织的数据，非正规就业在全球范围内普遍存在，并且在某些地区和国家尤为突出。例如，根据国际劳工组织发布的报告，全球有大量的劳动者被归类为非正规就业者，这一数字占全球劳动力市场的相当大比例。这种普遍性使得非正规就业成为一个不容忽视的社会经济现象，需要国际劳工组织等机构进行深入研究和关注。二是源于对劳动者权益的影响。非正规就业往往伴随着一系列对劳动者权益的侵害。非正规就业者通常缺乏劳动合同的保护，面临低工资、无社会保障、劳动条件恶劣等问题。他们往往没有稳定的收入来源，缺乏必要的工作安全保障和福利待遇。这种不稳定的就业状态不仅影响劳动者的生活质量，还可能导致他们陷入贫困和社会边缘化的境地。因此，国际劳工组织特别关注非正规就业，旨在通过制定和实施相关政策来保护劳动者的权益。三是源于对经济和社会发展的潜在阻碍。非正规就业的存在还可能对经济和社会发展造成潜在阻碍。首先，非正规就业者往往缺乏必要的技能和培训，难以适应产业升级和经济发展的需求。这可能导致劳动力市场的供需失衡，影响经济的可持续发展。其次，非正规就业者缺乏社会保障和福利待遇，可能增加社会的不稳定因素。他们可能因为经济困难而陷入犯罪或其他违法行为，从而对社会安全构成威胁。此外，非正规就业还可能加剧社会不平等和贫富差距的扩大，影响社会的和谐稳定。四是源于推动体面劳动和可持续发展目标的实现。国际劳工组织致力于推动体面劳动和可持续发展目标的实现。体面劳动要求为所有劳动者提供安全、有保障、有尊严的工作条件。然而，非正规就业的存在往往与这些要求相悖。因此，国际劳工组织特别关注非正规就业问题，旨在通过制定和实施相关政策来推动体面劳动的实现。同时，非正规就业的解决也有助于促进经济的可持续发展和社会的和谐稳定。

四、特定地区或国家的人群

国际劳工组织还特别关注一些特定地区或国家的人群的就业问题。例如，在《2024年亚太地区就业和社会展望》中，报告对亚太地区的就业状况进行了详细分析，并指出了该地区在人口快速老龄化、工作贫困和非正规性等方面面临的挑战。针对这些挑战，报告提出了相应的政策建议，以促进亚太地区的可持续经济发展和社会稳定。

综上所述，国际劳工组织特别关注女性就业者、青年就业者、非正规就业者以及特定地区或国家的人群的就业问题。通过发布相关报告和政策建议，国际劳工组织致力于推动全球范围内的就业公平和可持续发展。

第三节　如何完善高校毕业生就业支持体系

一、行动方案

为了切实有效地完善高校毕业生就业支持体系，可以从以下几个方面进行努力：

一要强化政府就业服务职能。建立健全人才需求预测预警系统，通过科学规范的方法预测未来人才需求趋势，将学科专业调整与人才需求联动管理，提高人才培养和社会需求的契合度。搭建校企合作和校地合作平台，结合产业结构和人才需求，积极构建和拓宽就业市场，在政策、环境、资金和技术等方面给予高校和重点企业扶持。加强就业政策实施监督，建立专门性机构或第三方机构，对就业政策实施过程、就业服务质量进行监督评价，确保政策落实到位。

二要构建高校就业指导服务体系。实施"必修＋选修"的就业指导课程体系，根据不同专业特点和学生需求，进行个性化教学和精准化指导。建设一批专业对口度高的职业体验基地、实践实习基地和就业创业基地，形成校企协同联动的良性就业机制。进一步推动就业服务信息化，在高校官网设立供社会用人单位登录用人信息的平台，实现就业服务工作网络化、信息化、常态化。

三要拓宽高校毕业生就业渠道。围绕实施乡村振兴战略、服务乡村建设行动、做好"特岗计划""大学生村官""三支一扶""西部计划"等基层项目组织招录工作、并落实好相关政策支持。加大创新创业支持力度、落实大学生创业优惠政策、举办创新创业大赛、推动更多毕业生通过创业实现就业。挖掘平台经济、共享经济中的就业机会、引导毕业生到战略性新兴产业、先进制造业、现代农业、现代服务业等领域多元化多渠道就业。

四要加强职业发展教育和就业指导。举办职业发展教育活动月、就业指导公益直播课等，提供职业发展咨询和就业心理咨询服务。建立"全国大学生就业创业指导专家库"，打造"名师金课"，提高就业指导的针对性和实效性。将毕业生就业作为立德树人的重要环节，开展以"成才观、职业观、就业观"为核心的就业主题教育活动，引导学生树立健康、积极、理性的就业心态。

五要加强重点群体就业帮扶。针对低收入家庭毕业生、少数民族、残疾等重点群体，开展就业创业能力培训，提升其就业竞争力。建立低收入家庭毕业生就业帮扶工作台账，按照"一人一档""一人一策"要求重点帮扶，确保有就业意愿的贫困生尽快就业。

综上所述，完善高校毕业生就业支持体系需要政府、高校、企业和社会各界的共同努力，通过强化就业服务职能、构建就业指导服务体系、拓宽就业渠道、加强职业发展教育和就业指导以及加强重点群体就业帮扶等措施，共同推动高校毕业生实现更加充分更高质量的就业。

二、典型案例

目前各地在完善高校毕业生就业支持体系方面，采取了多种创新措施和有效做法，以下是一些典型案例：

1. 重庆市开展就业促进活动

重庆市教育委员会、重庆医科大学等联合举办了重庆市2024届普通高校毕业生就业双选活动（医药卫生类专场），提供大量就业岗位，并设置简历门诊等服务。活动内容包括"万企进校园""访企拓岗""24365携手促就业""就业育人主题教育"等系列活动，通过举办大型校园招聘活动、推动常态化招聘、加强校企合作等方式，为毕业生提供丰富的就业资源和机会。上述这些活动有力确保了每名有求职意愿的毕业生均能获取多条就业岗位信息，有效促进了毕业生的顺利就业。

2. 云南省的"爱上云南　就在云南"主题活动

2024年4—7月，云南省委教育工委、省教育厅组织开展了"爱上云南就在云南"留滇就业和返乡创业主题活动，并遴选出10个典型案例供各高校参考借鉴。例如，云南大学通过选调生返校培训活动，加强选调生与学校的联系，提升选调生的基层工作能力，并激发他们的基层就业热情。昆明医科大学则通过系列就业育人主题教育品牌活动，引导学生树立正确的就业观，并鼓励毕业生留滇就业、基层就业。这些活动有效地提升了高校毕业生的就业意愿和就业能力，促进了毕业生在云南省内的就业和创业。

3. 贵州工商职业学院"送岗到家"工作机制

贵州工商职业学院建立"送岗到家"的家访工作机制，为低收入家庭的高校毕业生提供就业帮助。具体做法是：对其常住地址、联系方式、工作需求等信息进行总汇，明确帮扶对象特征。由就业帮扶小组成员采取分组、分片区的方式，对未就业毕业生进行一对一上门就业指导，为他们建立帮扶工作档案，协助完善毕业生基本信息、就业帮扶工作记录、推荐岗位记录（贵阳贵安为主导）、就业证明材料等，相关资料须经毕业生本人签字确认，确保档案数据真实、准确、及时。帮扶过程中，对有就业意愿并愿意接受就业帮扶的毕业生，提供至少3个以上的备选工作岗位（贵阳贵安为主导），且岗位薪酬不得低于每月3000元；对因个人原因暂不就业或没有就业意愿的毕业生，做好思想工作和就业指导，并做好相关记录。通过"岗位上首推、心理上疏导、经济上帮扶"，帮助毕业生顺利就业。该机制有效解决了部分贫困毕业生的就业难题，提高了他们的就业率和就业质量。

4.一些人力资源服务机构开展稳就业促就业行动

各地人力资源社会保障部门聚焦高校毕业生就业，持续开展人力资源服务机构稳就业促就业行动。中智集团充分发挥全产业链优势，为高校毕业生就业提供综合性一体化服务，特别是在促进西藏高校毕业生在央企培训就业、帮扶就业困难大学生方面取得实效。智联招聘依托数据优势和技术优势，显著提升人岗匹配效率和精度，推出"靠谱企业榜单""offer守护计划"等保护高校毕业生求职安全。上海外服针对高校毕业生求职能力欠缺、职业生涯规划不足等短板弱项，打造数字化职场导师，提供职前辅导、职业规划、岗位对接等服务。上述这些人力资源服务机构通过专业化、精准化的服务，有效促进了高校毕业生的市场化、社会化就业。

综上所述，各地在完善高校毕业生就业支持体系方面采取了多种有效措施，包括开展主题活动、建立工作机制、发挥人力资源服务机构作用等。这些措施有效提升了高校毕业生的就业能力和就业质量，促进了毕业生的顺利就业。

第四节　如何完善农民工就业支持体系

一、行动方案

为了切实有效地完善农民工就业支持体系，可以从以下几个方面进行努力：

一要强化政府引导和支持。完善政策体系，全面落实社保费缓缴、稳岗返还、留工培训补助、社会保险补贴等政策，重点支持农民工就业集中的行业和企业。通过"免申即享""直补快办"等方式，确保政策红利直达企业和农民工。健全覆盖全国的供需对接网络平台和权益保障维护平台，做好外出务工人员户口迁移、社保转接、子女入学、劳动维权等工作。利用现代信息技术手段，提升就业服务的精准性和便捷性。

二要促进就业创业。大力发展新兴产业，鼓励新办环境友好型和劳动密集型企业，提升县域就业承载力。构建现代农业产业体系，发展乡村特色产业、农村电商等新产业新业态，推进农村一二三产业融合发展，为农民工提供更多就近就业机会。着眼劳务品牌行业特征、区域特色、经营服务模式等，分类打造一批知名劳务品牌，培育一批劳务品牌龙头企业。通过品牌效应提升农民工的就业竞争力和就业质量。实施重点群体创业推进行动，组建创业服务专家队伍，为返乡创业农民工提供政策咨询、开业指导等专业化服务。推动创业担保贷款、税费减免、场地安排、一次性创业补贴等政策"打包办""提速办"，为农民工返乡创业提供全方位支持。

三要加强职业技能培训。在政府主导下，依托高等院校、职业院校以及社会培训机构，构建完善的农民工职业技能培训体系。实现常态化、制度化的入职前培训、在职培训和转岗培训，形成终身培训体系。精准对接需求，围绕市场紧缺职业和当地经济发展需求，大力开展适合农民工就业的技能培训和快递员、网约车司机、直播销售员等新职业新业态培训。同时，加强对 50 岁以上、仍有较强劳动能力群体的技能培训，提升其就业能力。创新培训方式，除了传统培训方法外，可以利用专家讲座、角色扮演、商业游戏法等多样化培训方式，同时利用微信、钉钉等现代通信手段进行培训，提高培训的吸引力和实效性。

四要保障劳动权益。加强权益保障，督促用人单位与农民工签订劳动合同，依法为农民工缴纳社会保险。加强劳动保障监察执法，指导企业依法合规用工，保障农民工的合法劳动权益。持续深化推进根治欠薪工作，畅通线上线下维权渠道。推广"欠薪维权二维码""欠薪维权微信公众号"等方式，方便劳动者维权。同时，加大劳动争议处理力度，努力做到案结事了。

五要优化就业服务。精准提供就业服务，允许失业农民工在常住地、就业地、参保地进行失业登记，同等提供职业指导、职业介绍等基本公共就业服务。优化零工服务，加大零工信息归集推介力度，建立"即时快招"服务机制。推广"互联网＋就业"，发展"隔屏对话""无接触面试""直播带岗"等线上线下服务新模式，有序组织现场招聘活动，满足农民工求职就业需求。

综上所述，完善农民工就业支持体系需要政府、企业、社会各方面的共同努力和协作。通过强化政策引导和支持、促进就业创业、加强职业技能培训、保障劳动权益以及优化就业服务等多方面的措施，可以切实提升农民工的就业能力和就业质量，实现更加充分更高质量的就业。

二、典型案例

目前各地在完善农民工就业支持体系方面涌现出了许多典型案例，这些案例通过创新服务模式、加强技能培训、促进就地就近就业以及深化劳务协作等方式，有效提升了农民工的就业质量和就业率。以下是一些具体实例：

1. 广西南宁

南宁市认真贯彻落实"完善重点群体就业支持体系"，全力确保"有需求就有岗位、有意愿就有服务、有问题就有跟踪"。2020 年，震东社区创建"小梁送工"就业服务帮扶模式，组织送工 1089 批次 8.73 万人次，帮助搬迁安置区务工群众实现人均日收入 100—300 元，累计实现务工收入超千万元。2023 年，创新建设首个线上线下一体化零工市场，共建成零工市场 6 家，提供就业岗位 3.54 万个次，带动就业 1.23 万人。打造线上招聘平台，通过"直播带岗""视频面试"等方式助力招聘活动，截至 2024 年 5 月底举办各类线上线下招聘活动 424 场，提供岗位 45.19 万个次。牵头开发乡村公益性岗位，安置脱贫人口就业 2.27 万人；现有就业帮扶车间 318 家，吸纳就业约 2.98 万人，还推动 6 家就业帮扶车间转型升级为乡村就业工厂。同时，大力推进八桂系列劳务品牌建设，鼓励培训机构增设特色劳务品牌培训项目，并遴选经验丰富的机构对农村脱贫劳动力免费培训。此外，针对灵活就业人员劳动纠纷，与人社部门合作建成全国首个灵活就业人员合法权益保障联动化解中心，成功推动调处新机制"全铺开""广覆盖"，大幅缩短维权时间、降低维权成本。

2. 江西赣州经开区

赣州经开区人社部门通过搭建服务平台、加强技能培训、强化政策扶持等措施助力农民工就业创业。搭建了 49 家不同级别的"5+2 就业之家"，并利用其网点优势发布岗位信息；抢抓劳动者返乡黄金期，组织企业参加春风行动，开展多场线上线下专场招聘活动，针对返乡就业困难农民工实施兜底保障行动，开发公益性岗位并鼓励其到帮扶车间就业。2023 年组织开展 64 期政府性补贴就业技能培训，同时结合市场需求和产业发展开展新型学徒制培训、岗前培训等，提升农民工就业本领，带动就业创业。不断加大创业担保贷款支持力度，提升贷款额度，增加合作银行，并发挥创业孵化示范基地作用，给予补贴减轻农民工创业负担。

3. 四川泸县

为打通农民工就业"最后一公里"，泸县及早启动县、镇（街道）、村（社区）三级劳务体系建设工作。例如泸县得胜镇成立劳务专合社，培育劳务经纪人，摸排登记农村零散劳动力，开展各类劳务服务，解决企业临时性、紧缺性用工问题，促进农民工就地就近就业。全县还将依托相关数智管理平台开展免费线上培训和考核，提升劳务经纪人劳务服务工作能力水平，以健全全县农民工公共就业服务体系，拓宽县内外劳务市场，提高农村零散劳动力转移输出的组织化、规模化和专业化水平。

4. 广西藤县

广西藤县以"稳就业促增收"为目标，创新"三位一体"就业服务模式，即做好"针对性"服务、"开发式"服务和"保姆式"服务。通过"线上＋线下"结合，强化"扩面式"服务，举办各类专场招聘会，开发"码上见工"和"码上求职"小程序，提供精准查找岗位服务。通过"点对点"送工，打造"藤县就业直通车"品牌，通过送工招聘专车搭建"群众—企业"就业送工链条。努力开发乡村公益性岗位，推动脱贫劳动力实现就近就业，落实就业帮扶政策。全县新增解决就业36140人，其中农村劳动力新增27518人，脱贫人口务工规模达到55738人，有效打通了脱贫群众就业的"最后一公里"。

上述这些地区的实践举措为农民工提供了更多的就业机会、提升了他们的就业技能，并在一定程度上保障了其劳动权益，对其他地区完善农民工就业支持体系具有一定的借鉴意义。

第五节　如何切实有效地完善退役军人就业支持体系

一、行动方案

为了切实有效地完善退役军人就业支持体系，可以从以下几个方面进行努力：

一要狠抓政策制定与落实。制定专项政策，国家及地方政府应制定和完善专门针对退役军人的就业支持政策，明确就业目标、任务和保障措施。例如，退役军人事务部等八部门联合印发的《关于加强就业困难退役军人帮扶工作的意见》等文件，为退役军人就业提供了政策依据。强化政策落实与监督：确保各项政策得到有效落实，加强政策执行情况的监督和评估，及时调整和完善政策内容。

二要完善就业服务体系建设。着力构建全国统一的退役军人就业服务平台，实现就业信息资源的共享和匹配。通过线上线下相结合的方式，为退役军人提供岗位推荐、职业介绍、技能培训等一站式服务。根据退役军人的特点和市场需求，开展多样化的职业技能培训。培训内容应涵盖多个行业和领域，注重实践性和针对性，提高退役军人的就业竞争力。为有创业意愿的退役军人提供创业指导、项目孵化、资金扶持等全方位服务。鼓励和支持退役军人创办小微企业，实现自主创业和带动就业。

三要强化重点群体就业支持。针对就业困难的退役军人，提供"一对一"的精准帮扶，包括就业援助、心理疏导、法律援助等。通过政府购买服务等方式，引入专业机构为退役军人提供就业服务。鼓励和支持高学历退役军人参与公务员、事业单位等招聘考试，提供专门的培训和指导。同时，引导高学历退役军人向高新技术产业、现代服务业等领域就业。

四要夯实社会保障与权益保障。完善退役军人的社会保障体系，包括养老保险、医疗保险、失业保险等。确保退役军人在就业过程中享受到应有的社会保障待遇。加强退役军人的权益保障工作，依法维护退役军人的合法权益。建立健全退役军人权益保障机制，及时处理和解决退役军人在就业过程中遇到的问题和困难。

五要加强社会参与与宣传引导。鼓励社会力量参与退役军人的就业支持工作，包括企业、社会组织、志愿者等。通过政府引导和社会动员相结合的方式，形成全社会关心支持退役军人就业的良好氛围。加强退役军人就业政策的宣传引导工作，提高政策的知晓率和影响力。通过媒体宣传、政策解读等方式，让退役军人充分了解就业政策的内容和要求，激发他们的就业创业热情。

综上所述，完善退役军人就业支持体系需要政府、企业、社会等各方面的共同努力和协作。通过制定专项政策、构建就业服务体系、支持重点群体就业、加强社会保障与权益保障以及引导社会参与与宣传引导等多方面的措施，可以切实有效地提升退役军人的就业能力和就业质量。

二、典型案例

现在各地在完善退役军人就业支持体系方面涌现出了许多典型案例，以下是一些具体实例：

1. 山东省济南市

一是聚焦实效提升，精准开展职业技能培训。济南市以退役军人需要、就业市场需求为导向，以提升就业竞争力为核心，下大力气抓好职业技能培训。通过双向服务摸需求、订单培训激活力、校企联动送岗位等措施，累计培训退役军人7156名，发放参训补贴1098万元，参训率、满意度逐年提升。二是聚焦数字支撑，精准搭建智慧服务平台。打造"军得港"数字服务平台，实现用工信息实时推送、求职信息实时共享、用工求职实时对接。结合疫情防控形势，拓展线上招聘活动，让退役军人"屏上知岗、线上求职"。三是聚焦要素保障，精准激发创业创新活力。积极构建"1+4+N"孵化基地布局，提供全程智力支持、专属金融服务，并大力培育示范项目。近年来，累计发放创业扶持贷款1257笔3.32亿元，发放创业带动就业奖励84笔34万元。上述措施，通过构建靶向培训、数字引领、要素保障的支持体系，有效地促进了退役军人高质量充分就业和成功创业。

2.四川省宜宾市

一是积极搭建退役军人就业创业数据监控平台和就业创业服务平台，实现就业创业数据的实时监控及招聘岗位信息的实时更新、精准推送。二是努力拓宽就业渠道，充分利用本地优质企业资源，常态化举办各类专场招聘活动，共举办线上线下招聘会178场次，提供岗位3.7万余个，帮助6000余名退役军人达成就业意向。三是促进优秀退役军人到中小学任教，认真部署促进优秀退役军人到中小学任教工作，全市现有在校"兵教师"286名。四是大力扶持创业创新。联合金融机构推出"拥军贷""创业贷"等创业金融扶持项目，制定并完善退役军人创业扶持政策，提供贷款贴息、税收减免、场地补贴等优惠措施。上述措施，不仅拓宽了退役军人的就业渠道和创业空间，而且提升了退役军人的就业竞争力和创业成功率。

3.山东省阳谷县

一是举办大型招聘会。阳谷县退役军人事务局联合县人力资源和社会保障局举办"民营企业服务月"大型招聘会，设置退役军人政策咨询台，精准对接退役军人的就业需求。50余家民营企业积极响应，携带着超过1800余个就业岗位汇聚一堂，现场达成初步就业意向519人次，其中退役军人32人。二是提供个性化服务。招聘会现场增设政策咨询服务区域，由工作人员专门为退役军人答疑解惑，提供个性化的职业发展规划建议。通过搭建退役军人与民营企业之间沟通的桥梁，为退役军人量身打造了一条从战场到职场的绿色快车道。

上述这些案例展示了各地在完善退役军人就业支持体系方面的创新做法和显著成效，为其他地区提供了有益的借鉴和参考。

本章参考文献：

[1] 周俊.坚持人民至上推动高校毕业生就业工作的三重内涵.中国大学生就业 [J]，2023（1）.

[2] 张亨明，伍圆圆.后疫情时代就业公共服务体系高质量发展策略.河南师范大学学报（哲学社会科学版）[J]，2023（1）.

[3] 岳宗福.新时代退役军人失业保险：军地接续与政策优化.淮阴师范学院学报（哲学社会科学版）[J]，2023（4）.

[4] 王轶，刘蕾，魏巍.数字经济时代我国面临的就业风险及治理机制研究.济南大学学报（社会科学版）[J]，2023（4）.

[5] 薛钢，董睿，许慧欣应.对技术性失业的税收治理优化——基于 ChatGPT 的挑战.税务研究 [J]，2023（7）.

[6] 葛俊杰，周旸.就业育人视角下高校生涯教育的实践和思考——以南京大学为例.中国大学生就业 [J]，2022（1）.

[7] 谭永生.经济新常态对中国青年失业的影响及趋势研究.中国青年研究 [J]，2016（9）.

第八章　健全终身职业技能培训制度

健全终身职业技能培训制度是全面提升劳动者就业创业能力、缓解技能人才短缺的结构性矛盾、提高就业质量的根本举措，是适应推进供给侧结构性改革、培育和发展新质生产力、推进中国式现代化的内在要求，对推动创新创业、推进制造强国建设、提高全要素生产率、推动经济高质量发展具有十分重要的意义。

第一节　新时代终身职业技能培训制度建设

一、什么是终身职业技能培训制度

所谓终身职业技能培训制度是指为了适应经济和社会发展、促进人才发展，而建立的一个持续的、系统的、终身的职业教育与培训体系。这一制度旨在使公众能够随着个人职业生涯的发展而不断获得新的技能和知识，从而提高其适应性、竞争力和创造力，实现职业发展与个人成长的有效衔接。以下是关于终身职业技能培训制度的详细阐述：

终身职业技能培训制度作为一种全新的职业教育与培训理念，它强调职业技能培训的持久性和全面性，以满足不断变化的就业市场和产业需求。

随着经济与社会的快速发展，对高素质、高技能人才的需求日益增加。特别是在新技术、新产业和新绿色领域，对人才的需求更加多元化和个性化。因此，建立终身职业技能培训制度成为推动经济社会发展、提升劳动者素质的重要途径。

一般说来，终身职业技能培训制度具有以下主要特点：一是具备持续性。终身职业技能培训制度贯穿于劳动者的整个职业生涯，从劳动预备阶段开始，直至其实现就业创业并贯穿整个学习和职业生涯过程。二是具备系统性。该制度注重培训的系统性和完整性，通过构建多层次、多类型的培训体系，为劳动者提供全方位的职业技能培训服务。三是具备全面性。培训内容不仅涵盖传统职业技能，还包括新知识、新技术、新工艺等方面的培训，以满足产业转型升级和经济社会发展的需求。四是具备灵活性。终身职业技能培训制度强调培训方式的灵活性，包括政府补贴培训、企业自主培训、市场化培训等多种形式，以满足不同劳动者群体的需求。

终身职业技能培训制度的具体内容包括：一是培训对象需要覆盖全体劳动者，包括就业人员和准备就业创业的人员。二是培训内容需要根据经济社会发展和市场需求来确定，其中包括就业技能培训、岗位技能提升培训和创业创新培训等。三是培训形式以政府补贴培训、企业自主培训、市场化培训为主要供给方式，以公共实训机构、职业院校、职业培训机构和行业企业为主要载体。四是政策支持需要政府通过制定相关政策、提供补贴和激励措施等方式支持终身职业技能培训制度的实施。

终身职业技能培训制度的实施有助于提升劳动者的就业创业能力，缓解技能人才短缺的结构性矛盾，提高就业质量。同时，该制度还有助于推动经济高质量发展、培育经济发展新动能、推进供给侧结构性改革等。对个人而言，终身职业技能培训制度提供了持续学习和成长的机会，有助于实现个人职业发展与个人成长的有机统一。对企业而言，该制度有助于构建更加灵活、高效的人才管理模式，提升企业的核心竞争力和创新能力。

对社会而言，终身职业技能培训制度有助于推动经济社会的发展与进步，实现人力资源的优化配置和高效利用。

综上所述，终身职业技能培训制度是一项重要的职业教育与培训政策，对于提升劳动者素质、推动经济社会发展具有重要意义。

二、终身职业技能培训的具体形式

终身职业技能培训的具体形式丰富多样，旨在满足不同劳动者群体的需求和适应经济社会的快速发展。

一是政府补贴培训。政府通过财政补贴的方式，支持劳动者参加职业技能培训。本身具有公益性和普惠性，能够覆盖更广泛的劳动者群体，特别是低收入群体和弱势群体。需要政府制定相关政策，明确补贴标准、培训内容和培训机构等要求，劳动者根据政策规定选择参加培训，并享受相应的补贴。

二是企业自主培训。企业根据自身发展需要，自主组织员工参加职业技能培训。本身具有针对性和实效性，能够紧密结合企业实际需求和岗位特点，提升员工的岗位技能和职业素养。企业可以内部设立培训机构或委托外部培训机构，为员工提供定制化的培训服务。同时，企业也可以鼓励员工参加行业认证、技能竞赛等活动，提升个人技能水平。

三是市场化培训。由职业技能培训机构或个体培训师等提供的职业技能培训服务。本身具有灵活性和多样性，能够根据市场需求和劳动者兴趣提供多样化的培训项目。培训机构可以通过市场调研和需求分析，设计符合市场需求的培训课程，并通过广告宣传、网络营销等方式吸引劳动者参加培训。

四是就业技能培训。针对即将进入劳动力市场的劳动者或失业人员进行的职业技能培训。可以帮助劳动者掌握就业所需的基本技能和职业素养，提高就业竞争力。内容包括职业素养、基本工作技能、行业知识等方面的培训。

五是岗位技能提升培训。主要针对在职员工进行的职业技能提升培训。可以帮助员工适应岗位变化和技术升级，提升岗位技能和职业素养。需要根据岗位需求和员工个人发展需求定制培训内容，包括新技术、新工艺、新设备等方面的培训。

六是创业培训。主要针对有创业意愿的劳动者进行的创业知识和技能培训。可以帮助劳动者了解创业政策、掌握创业技能、提高创业成功率。其内容包括创业政策解读、创业项目策划、市场营销、财务管理等方面的培训。

七是"互联网＋培训"。主要利用互联网技术和平台进行的职业技能培训。本身具有便捷性、灵活性和互动性，能够打破时间和空间的限制，为劳动者提供更加灵活多样的培训方式。可以通过在线课程、直播教学、虚拟实训等方式进行培训，同时利用大数据和人工智能技术为学习者提供个性化的学习路径和反馈。

综上所述，终身职业技能培训的具体形式多种多样，旨在满足不同劳动者群体的需求和适应经济社会的快速发展。这些形式相互补充、相互促进，共同构成了终身职业技能培训体系的完整框架。

三、新时代终身职业技能培训制度建设取得的重大成就

新时代我国终身职业技能培训制度建设取得的重大成就，主要集中体现在以下几个方面：

一是关于政策体系与制度建设。近年来，我国高度重视职业技能培训工作，密集出台了一系列政策措施，如《关于推行终身职业技能培训制度的意见》《"十四五"职业技能培训规划》等，为终身职业技能培训制度的建立提供了政策保障。通过不断探索和实践，我国已经初步形成了覆盖城乡、贯穿劳动者职业生涯全程的终身职业技能培训制度。这一制度以政府

为主导，企业为主体，社会广泛参与，为劳动者提供了多样化的培训选择。

二是关于培训规模与质量。目前培训规模持续扩大，据统计，过去几年中，我国每年开展的补贴性职业技能培训人次不断攀升，如 2023 年全国共开展补贴性职业培训超过 1800 万人次，有效提升了劳动者的技能水平。在扩大培训规模的同时，还注重提升培训质量。通过优化培训内容、创新培训方式、加强师资队伍建设等措施，提高了培训的针对性和实效性。同时，还建立了职业技能培训质量监管体系，确保培训质量得到有效控制。

三是关于培训体系与平台建设。我国已经形成了政府主导、企业主体、社会参与的多元化培训体系。政府通过制定政策、提供补贴等方式引导和支持培训工作；企业则根据自身需求开展内部培训或委托外部机构进行培训；社会培训机构则提供多样化的培训项目和服务。培训平台不断创新，随着信息技术的发展，积极推动"互联网 + 职业技能培训"模式的发展。通过建立在线学习平台、开发移动学习应用等方式，为劳动者提供了更加便捷、高效的培训方式。同时，还加强了职业技能培训资源的整合和共享，提高了培训资源的利用效率。

四是关于技能人才队伍建设。通过终身职业技能培训制度的实施，我国技能人才队伍不断壮大。大量劳动者通过培训提升了技能水平，实现了更高质量的就业。积极推动技能人才发展通道的建设。通过完善技能人才评价制度、建立技能人才激励机制等措施，为技能人才提供了更加广阔的发展空间和晋升机会。同时，还加强了技能人才与产业发展的对接和融合，促进了技能人才与产业发展的良性互动。涌现出了一批高技能人才和领军人才，为经济社会发展提供了有力的人才支撑。

五是关于社会影响力与贡献。终身职业技能培训制度的实施不仅提升了劳动者素质和技能水平，还增强了社会的整体竞争力和创新能力。通过培训，劳动者能够更好地适应市场需求和岗位变化，实现个人价值和社会价值的双重提升。同时，技能人才队伍的不断壮大也为经济社会发展注入了新的活力和动力。终身职业技能培训制度在促进就业和经济发展方面也发挥了重要作用。通过提高劳动者的技能水平和就业能力，缓解了就业结构性矛盾；同时，还促进了产业升级和转型升级，推动了经济的高质量发展。

综上所述，新时代我国终身职业技能培训制度建设取得了显著成就，为劳动者个人发展和社会经济发展提供了有力支持。

第二节 国际组织关于健全终身职业技能培训制度的观点

一、国际劳工组织关于健全终身职业技能培训制度的主要观点

关于国际劳工组织（ILO）对于健全终身职业技能培训制度的看法，我们基于一般性的国际劳工组织原则和趋势来概述其持有的主要观点。

1.注重理念贯彻

一是强调终身学习的重要性。国际劳工组织强调，在快速变化的全球经济中，终身学习是提升个人就业能力和适应性的关键。它认为，终身职业技能培训制度应鼓励劳动者在整个职业生涯中不断学习新技能，以适应技术革新和市场需求的变化。二是促进就业与包容性增长。国际劳工组织致力于推动包容性增长，确保所有人都能从经济增长中受益。健全终身职业技能培训制度被视为实现这一目标的重要手段，通过提高劳动者的技能水平，促进就业，减少失业和贫困。三是关注弱势群体。国际劳工组织特别关注妇女、青年、残疾人等弱势群体的就业问题。它认为，终身职业技能培训制度应确保这些群体能够获得平等的培训机会，以提高他们的就业

竞争力。五是促进技能与劳动力市场的匹配。国际劳工组织倡导根据劳动力市场的需求和趋势来设计和实施职业技能培训项目。这包括识别未来的技能需求、更新培训内容和方法，以确保培训结果与就业市场的实际需求相匹配。六是加强国际合作与伙伴关系。国际劳工组织认识到，跨国合作在推动终身职业技能培训方面的重要性。它鼓励各国政府、国际组织、私营部门和社会组织之间建立合作伙伴关系，共同推动职业技能培训的发展和创新。七是注重培训质量和效果评估。国际劳工组织强调，在建立终身职业技能培训制度时，应注重培训的质量和效果评估。这包括建立有效的评估机制，对培训项目进行定期评估，以确保培训内容和方法的有效性和针对性。八是推动技能认证和资格框架。国际劳工组织支持建立和完善技能认证和资格框架，以确保培训成果得到广泛认可。这有助于劳动者在跨国和跨行业的就业市场中展示自己的技能和能力，提高就业机会和待遇。

2.倡导优质培训

从其倡导的培训理念、标准和实践活动中提炼出优质培训的一些核心要素和特征。

一是追求培训目标与市场需求相契合。针对性要强，优质培训应紧密围绕劳动力市场的实际需求，确保培训内容与市场需求高度契合，提高劳动者的就业竞争力和适应能力。精准预测未来技能需求的变化趋势，及时调整和更新培训内容，确保培训成果具有前瞻性和可持续性。

二是追求培训内容与方法科学有效。要求培训内容应涵盖基础知识、专业技能、软技能等多个方面，全面提升劳动者的综合素质。特别注重理论与实践相结合，通过案例分析、模拟演练、实地操作等方式，增强培训的实效性和可操作性。及时引入新的教学理念和方法，如在线学习、混合式教学等，提高培训的灵活性和便捷性。

三是追求培训师资与设施条件优越。要求培训师资应具备丰富的实践经验和专业知识，能够针对不同学员的需求提供个性化的指导和帮助。保证培训设施应齐全、先进，能够满足学员学习和实践的需求，提高培训效果。

四是追求培训质量评估与反馈机制健全。聚焦评估体系完善，建立科学、全面的评估体系，对培训过程、结果和效果进行定期评估和反馈。根据评估结果及时调整培训内容和方法，确保培训质量不断提升。

五是注重培训与就业的结合。坚持就业为第一导向，优质培训应紧密围绕就业目标展开，为学员提供就业指导、职业规划等服务，帮助他们顺利实现就业。注重社会合作网络建设，与企业、行业协会等建立广泛的合作关系，为学员提供更多的实习、就业机会和职业发展平台。

3.注重培训效果评估

国际劳工组织在评估培训质量时，通常会采用一套综合、系统的方法，以确保培训的有效性和针对性。

一是注重明确评估目标。首先，国际劳工组织会明确培训质量评估的目标，这通常包括：衡量培训目标的实现程度，即学员在知识、技能、态度等方面的提升情况。注重评估培训对学员就业能力和职业发展的影响。善于了解培训过程中存在的问题和不足，以便进行改进。

二是注重制定评估标准。国际劳工组织会根据培训目标制定具体的评估标准，这些标准可能包括：培训内容的科学性、针对性和实用性；培训方法的先进性和有效性；培训师资的资质和教学水平；培训设施的完善程度；学员的学习成果和满意度。

三是注重采用多种评估方法。为了全面、客观地评估培训质量，国际劳工组织可能会采用多种评估方法，包括：反应评估（Reaction Evaluation）：在课程刚结束时，通过问卷调查、访谈等方式了解学员对培训项目的主观感受或满意程度。这有助于了解学员对培训内容、方法、师资等方面的看法，为后续改进提供参考。学习评估（Learning Evaluation）：通过测试、考试、项目作业等方式评估学员在知识、技能、态度等方面的收获。这有助于衡量培训的直接效果，即学员是否掌握了所学内容。行为评估（Behavior Evaluation）：观察学员在工作中的行为变化，通过主管评价、同事评价、客户评价等方式评估培训对学员行为方式的影响。这有助于了解培训成果在实际工作中的应用情况。结果评估（Result Evaluation）：通过收集质量、数量、安全、销售额、成本、利润等可量化的指标数据，与培训前进行对比，评估培训对组织绩效的贡献。这有助于衡量培训的长期效果和经济效益。

四是注重实施评估过程。在评估过程中，国际劳工组织会注重以下几点：确保评估的公正性和客观性，避免评估人的主观因素对评估结果的影响。鼓励学员、教师、管理人员等多方参与评估，收集多方面的意见和建议。对评估数据进行科学分析和处理，得出准确的评估结论。

五是注重反馈与改进。最后，国际劳工组织会将评估结果及时反馈给相关方，包括学员、教师、管理人员等，并根据评估结果制定改进措施。这些措施可能包括调整培训内容、改进培训方法、加强师资培训、完善设施条件等，以不断提升培训质量。

需要注意的是，以上评估方法和要点是基于一般性的培训质量评估原则和实践经验总结而成的，国际劳工组织在具体评估过程中可能会根据实际情况进行调整和补充。同时，由于不同国家和地区的培训体系和需求存在差异，国际劳工组织在推广其评估方法和标准时也会考虑这些因素。

二、联合国教科文组织关于健全终身职业技能培训制度的主要观点

联合国教科文组织关于健全终身职业技能培训制度的主要观点，可以从其倡导的教育理念、政策导向以及相关的国际文件中推断出其对这一制度的基本看法和支持态度。

一是强调终身教育理念。联合国教科文组织一直强调终身学习的重要性，认为教育不应仅限于学校阶段，而应贯穿于人的一生。这一理念与终

身职业技能培训制度的核心——为劳动者提供贯穿职业生涯全过程的培训服务——高度契合。终身学习旨在促进个体的全面发展，包括知识、技能、态度和价值观等方面的提升。终身职业技能培训制度正是通过持续不断的培训，帮助劳动者适应经济社会的快速变化，实现个人价值和社会贡献的双重提升。

二是注重支持职业技能培训。联合国教科文组织认识到职业技能培训对于提升劳动者就业能力、缓解结构性就业矛盾的重要性。健全终身职业技能培训制度，有助于培养适应市场需求的高素质技能人才，促进就业稳定和经济发展。随着科技的不断进步和产业结构的不断升级，职业技能培训在推动经济转型升级中的作用日益凸显。联合国教科文组织支持各国政府和企业加大投入，完善职业技能培训体系，为经济高质量发展提供有力支撑。

三是倡导多元化和包容性的培训模式。联合国教科文组织倡导建立多元化、包容性的职业技能培训模式，以满足不同劳动者群体的多样化需求。这包括针对不同年龄段、不同职业背景、不同技能水平的劳动者设计差异化的培训内容和方式。通过健全终身职业技能培训制度，联合国教科文组织希望促进教育公平和社会包容性发展。特别是对于弱势群体和边缘化群体，应提供更加精准和有效的培训支持，帮助他们摆脱贫困、实现自我发展。

四是注重国际合作与交流。联合国教科文组织鼓励各国在终身职业技能培训领域加强国际合作与交流，分享成功经验和做法。通过国际合作项目、研讨会、培训班等形式，促进全球范围内的知识共享和技能提升。面对全球性的就业挑战和技能短缺问题，联合国教科文组织认为各国应携手合作，共同制定和实施有效的政策措施。通过加强国际合作与协调，共同推动全球职业技能培训事业的发展。

综上所述，联合国教科文组织关于健全终身职业技能培训制度的主要观点可以概括为强调终身教育理念、支持职业技能培训的重要性、倡导多元化和包容性的培训模式以及加强国际合作与交流等方面。这些观点为各国政府和企业制定和实施相关政策提供了重要的参考和指导。

第三节　如何进一步健全终身职业技能培训制度

随着新一轮科技革命和产业变革的加速推进，我国经济社会发展对技能人才的需求日益迫切。然而，当前我国技能人才总量不足、结构不合理、高技能人才短缺等问题依然突出。健全终身职业技能培训制度，旨在全面提升劳动者的职业技能和素质，促进就业创业，推动经济高质量发展。

一、主要目标

健全终身职业技能培训制度的主要目标包括：一要扩大培训覆盖面。实现城乡全体劳动者都能享受到职业技能培训的机会，贯穿劳动者学习工作终身。二要提高培训质量。根据市场需求和产业发展趋势，优化培训内容，提升培训针对性和实效性。三要完善培训体系。构建政府主导、企业主体、社会参与的多元化职业技能培训体系。四要加强政策支持。完善相关政策法规，加大财政投入，为职业技能培训提供有力保障。

二、坚持好健全终身职业技能培训制度的基本原则

一是促进普惠均等的原则。针对城乡全体劳动者，推进基本职业技能培训服务普惠性、均等化，注重服务终身，保障人人享有基本职业技能培训服务，全面提升培训质量、培训效益和群众满意度。

二是坚持需求导向的原则。坚持以促进就业创业为目标，瞄准就业创业和经济社会发展需求确定培训内容，加强对就业创业重点群体的培训，

提高培训后的就业创业成功率，着力缓解劳动者素质结构与经济社会发展需求不相适应、结构性就业矛盾突出的问题。

三是创新体制机制的原则。推进职业技能培训市场化、社会化改革，充分发挥企业主体作用，鼓励支持社会力量参与，建立培训资源优化配置、培训载体多元发展、劳动者按需选择、政府加强监管服务的体制机制。

四是坚持统筹推进的原则。加强职业技能开发和职业素质培养，全面做好技能人才培养、评价、选拔、使用、激励等工作，着力加强高技能人才队伍建设，形成有利于技能人才发展的制度体系和社会环境。

总而言之，促进普惠均等是目标，它指引着工作的方向，确保发展成果惠及全体人民。坚持需求导向是方法，它要求各项工作要以满足人民群众的实际需求为出发点和落脚点。创新体制机制是手段，它为普惠均等和需求导向提供动力和保障，确保目标的实现。坚持统筹推进是过程，它确保在实现普惠均等的目标过程中，各项措施能够协调一致，形成有效的合力。这四个方面相互联系、相互支撑，共同构成了一个统一的有机整体，推动终身职业技能培训制度不断向前发展。

三、行动方案

进一步健全终身职业技能培训制度，必须从以下几个方面入手：

一要健全政策体系与制度建设。切实加强顶层设计，结合国家发展战略和市场需求，制定更为详细、具体的终身职业技能培训政策，明确培训目标、任务、措施和保障等，为培训工作的开展提供有力指导。完善法律法规体系，推动制定或修订相关法律法规，明确政府、企业、培训机构和劳动者在终身职业技能培训中的权利和义务，为培训制度的实施提供法律保障。

二要扩大培训规模与提升质量。加大投入力度，进一步增加财政对终身职业技能培训的投入，同时鼓励企业、社会组织和个人等多方参与，形成多元化投入机制。紧贴市场需求和产业发展趋势，定期更新培训内容，确保培训的针对性和实效性。同时，加强新职业、新技能、新业态等领域的培训，满足经济转型升级的需要。创新培训方式，推广"互联网＋职业技能培训"模式，利用大数据、云计算、人工智能等现代信息技术手段，提供灵活多样的在线学习资源和个性化学习服务。同时，加强校企合作、工学结合等模式，提高培训的实践性和有效性。

三要完善培训体系与平台建设。构建多元化培训体系，形成政府主导、企业主体、社会参与的多元化培训格局，明确各参与方的职责和定位，实现资源共享和优势互补。加强培训平台建设，建设一批高水平的职业技能培训公共实训基地、高技能人才培训基地和技能大师工作室等，为劳动者提供优质的培训服务。同时，加强线上培训平台的建设和管理，提高线上培训的质量和效果。

四是强化技能人才队伍建设。完善技能人才评价制度，建立健全以职业能力为导向、以工作业绩为重点的技能人才评价体系，实现评价结果与技能人才使用、待遇相挂钩。加强技能人才激励，通过建立技能人才激励机制，对在技能竞赛、技术革新等方面取得突出成绩的技能人才给予表彰奖励和晋升机会。同时，鼓励企业建立技能人才薪酬制度，提高技能人才的待遇水平。

五是加强监管与评估。建立健全监管机制，加强对职业技能培训机构的监管力度，确保其依法依规开展培训活动。同时，加强对培训资金使用的监管，确保资金安全有效使用。高质量开展培训效果评估，定期对职业技能培训效果进行评估和反馈，及时了解培训工作的进展情况和存在的问题，为改进工作提供依据。

六是推动国际合作与交流。加强国际交流与合作，积极借鉴国际先进经验，加强与国际组织、其他国家和地区的交流与合作，推动职业技能培训的国际化发展。引进国际先进的培训理念、技术和方法，提升我国职业技能培训的整体水平。同时，鼓励国内培训机构走出国门，参与国际市场竞争。

综上所述，进一步健全终身职业技能培训制度需要从政策体系、培训规模与质量、培训体系与平台、技能人才队伍建设、监管与评估以及国际合作与交流等多个方面入手，形成全方位、多层次、立体化的培训格局。

第四节　典型案例

目前，我国各地在健全终身职业技能培训制度方面涌现出许多典型案例，这些案例充分展示了地方政府、企业和社会各界在推动职业技能培训方面的积极实践和显著成效。

一、深圳"技能银行"项目

为响应党的二十大报告提出的"健全终身职业技能培训制度"要求，深圳出台了七大举措助力培育技能人才，其中"技能银行"项目尤为引人注目。该项目包括建立普惠性补贴机制，真金白银发放多样化补贴，以及建立个人终身职业技能培训电子档案，存储个人信息、学习经历、技能证书、竞赛获奖等信息，实行一人一档、终身有效。

成效：这一举措不仅从经费上保障了劳动者参与终身职业技能培训的积极性，还通过健全技能认证评价体系等配套制度，消除了职业技能培训中的后顾之忧，推动了更多劳动者树立起终身培训、终身受益的观念。

二、贵州丹寨县茶园技能培训

针对当地茶叶产业的发展需求，贵州丹寨县积极开展职业技能培训。当地种茶能手向村民传授采秋茶的技巧，通过实地教学、示范操作等方式，提高村民的茶叶采摘和加工技能。这种紧贴产业发展需求的培训方式，有效提升了当地村民的就业创业能力，促进了茶叶产业的高质量发展。

三、某制造业企业内训项目

随着制造业的转型升级，某企业对员工技能提出了更高要求。该企业通过问卷调查、面对面访谈等方式，全面了解员工在职业技能方面的需求与期望，并结合企业发展战略，设计具有针对性的内训课程。同时，采用案例分析、角色扮演、小组讨论等多元化教学方式，提高员工学习参与度和实际效果。该项目有效提升了员工的职业技能水平，增强了企业的核心竞争力，促进了企业的可持续发展。

四、跨行业职业技能培训合作项目

面对单一行业或领域内的技能提升已无法满足企业需求的问题，一些地方积极探索跨界合作模式。他们挑选具有互补性技能和资源的企业、教育机构或行业协会等，建立共享平台，实现信息、课程、师资等资源的互通有无。针对合作各方员工技能现状，进行深入的需求调研和分析，定制符合跨界合作特点的职业技能提升课程。这种跨界合作模式实现了技能互补和资源共享，有效提升了参与各方的综合职业素养和竞争力。

总而言之，中国各地在健全终身职业技能培训制度方面取得了显著成效，但仍需继续努力。未来，应进一步加强政府、企业和社会各界的合作、完善政策体系、扩大培训规模、提升培训质量、强化师资建设、优化资源配置等，推动职业技能培训事业持续健康发展。同时，还应注重培训内容的创新和实践性的提升，确保培训成果能够真正转化为劳动者的就业创业能力和企业的核心竞争力。

本章参考文献:

［1］碛石.工匠选树表彰,让更多技能人才脱颖而出.工会博览［J］,2022（24）.

［2］韦柳,田米香,韦唯.大学生职业发展与就业创业指导教学改革路径研究.创新创业理论研究与实践［J］,2024（5）.

［3］唐聪聪.当前就业两端承压未来需重点关注四大问题.中国经贸导刊［J］,2022（8）.

［4］沈梓鑫,江飞涛.劳动密集型制造业与高质量就业:数字时代的逻辑解析.学术月刊［J］,2023（2）.

［5］梅春英,李晓军.扎实推进共同富裕的路径——基于公平和效率的视角.广西社会主义学院学报［J］,2023（1）.

［6］莫荣.就业是最基本的民生——学习二十大报告体会.中国就业［J］,2023（2）.

［7］杨伟国.实施就业优先战略促进高质量充分就业.教学与研究［J］,2023(1).

第九章　统筹城乡就业政策体系

党的二十届三中全会要求，统筹城乡就业政策体系，同步推进户籍、用人、档案等服务改革，优化创业促进就业政策环境。

第一节　新时代城乡就业政策体系的发展

一、什么是城乡就业政策体系

城乡就业政策体系是指旨在促进城乡劳动力资源有效配置、提高就业水平、优化就业结构、保障劳动者权益的一系列政策、措施和制度的总和。这个体系旨在打破城乡分割的就业制度壁垒，推动城乡劳动力市场的一体化，实现城乡劳动者在就业机会、就业服务、就业保障等方面的平等与共享。

一般说来，城乡就业政策体系主要包括以下几个方面：

一是就业促进政策。通过制定和实施一系列政策措施，如创业扶持政策、就业援助政策、岗位开发政策等，鼓励和支持城乡劳动者积极就业和创业。二是就业服务政策。建立健全覆盖城乡的公共就业服务体系，提供职业介绍、职业指导、职业培训、创业扶持等全方位服务，帮助城乡劳动者提高就业能力，实现稳定就业。三是职业技能培训政策。根据市场需求和产业发展方向，加强职业技能培训，提高城乡劳动者的技能水平和就业竞争力。同时，推动校企合作、产教融合，实现职业培训与产业发展的深度融合。四是劳动权益保障政策。加强劳动保障监察执法，完善劳动关系协调机制，保障城乡劳动者的合法权益。特别是要关注农民工等弱势群体的劳动权益保障问题，落实同工同酬、社会保障等制度。五是社会保障政策。建立健全覆盖城乡的社会保障体系，为城乡劳动者提供养老、医疗、失业等社会保障服务。特别是要加强农村社会保障制度建设，提高农村劳动者的社会保障水平。六是城乡融合发展政策。通过推动城乡要素自由流动和平等交换，促进城乡融合发展。这包括促进农村土地制度改革、农村集体产权制度改革等，为城乡劳动者提供更多的就业机会和创业空间。在城乡就业政策体系中，前四项是核心政策，后两项是保障性政策。

城乡就业政策体系的建立和完善对于促进城乡经济协调发展、推动社会公平正义具有重要意义。它有助于打破城乡分割的就业制度壁垒，实现城乡劳动力的自由流动和优化配置；有助于提高城乡劳动者的就业水平和就业质量；有助于缩小城乡收入差距和社会差距；有助于构建和谐社会和实现共同富裕的目标。

二、新时代城乡就业政策体系发展历程

新时代城乡就业政策体系的发展历程可以概括为以下几个关键阶段和主要特点：

1. 背景与起点

进入新时代以来，随着我国经济社会的深入发展和城乡一体化进程的加速推进，城乡就业问题日益凸显。为解决这一问题，我国高度重视城乡就业政策体系的建立和完善，旨在通过政策创新和制度优化，促进城乡劳动力市场的融合与协调发展。

2. 主要发展阶段

一是党的十八大后至党的十九大之前。党中央实行就业优先战略，将就业工作放在民生工程的首位。明确将就业工作作为扶贫脱贫的重要手段、供给侧结构性改革的重要保障、新业态发展的重要动力，从而使我国就业工作获得了新定位。制定并实施了《关于做好当前和今后一段时期就业创业工作的意见》等文件。

二是党的十九大后至党的二十大之前。继续深化就业政策改革，加强政策之间的协同配合，形成更加完善的城乡就业政策体系。先后出台了一系列鼓励自谋职业和自主创业的政策，对服务型企业给予政策支持。通过拓展公益性岗位等方式拓展就业空间，完善劳动力市场就业服务体系。制定并实施了《人力资源市场暂行条例》《关于推行终身职业技能培训制度的意见》等，推动人力资源市场规范化、市场化发展。建立了完善的就业失业统计制度和失业预警机制，做好企业富余人员的分流安置工作，最大限度降低失业率。

三是党的二十大以来。党中央、国务院制定实施《关于实施就业优先战略促进高质量充分就业的意见》继续创新就业政策，加强政策实施力度，推动城乡就业政策体系向更高质量、更充分就业的目标迈进。不断加大对创业者的支持力度，鼓励大学生、农民工等群体就业。实施职业技能培训和提升贸易领域就业机会等措施，提高城乡劳动者的就业技能和竞争力。着力健全覆盖全民、统筹城乡、公平统一、可持续的多层次社会保障体系，为城乡劳动者提供更加全面的社会保障服务。积极推动城乡融合发展政策，促进城乡要素自由流动和平等交换，为城乡劳动者提供更多的就业机会和创业空间。

在新时代城乡就业政策体系的推动下，我国城乡就业工作取得了显著成效。城镇新增就业年均超过1300万人，城乡就业格局发生历史性改变，就业质量稳步提升。未来，随着政策体系的不断完善和创新实施力度的加强，我国城乡就业工作将朝着更高质量、更充分就业的目标不断迈进。

第二节　国际劳工组织统筹城乡就业政策体系的视角

国际劳工组织（ILO）在促进城乡劳动力流动方面发挥着重要作用，主要通过以下几个方面来推动：

一是注重制定和推广国际劳工标准。国际劳工组织制定了一系列关于就业、社会保障、劳动权益等方面的国际公约和建议书，如《社会保障（最低标准）公约》（第102号）、《收入保障建议书》（第67号）和《医疗护理建议书》（第69号）等。这些标准为各国政府制定相关政策和法律提供了指导和参考，有助于促进城乡劳动力在就业、社会保障等方面的平等待遇。与此同时，国际劳工组织还发布了关于国家社会保护底线的建议书，强调建立基本的社会保障担保，以预防或缓解贫困、脆弱性和社会排斥，从而保障城乡劳动力的基本生活需求，促进他们的流动和就业。

二是注重提供技术支持和培训。国际劳工组织向各国政府、雇主组织和工人组织提供技术援助和合作，帮助他们制定和实施促进城乡劳动力流动的政策和措施。这包括培训项目、能力建设活动和咨询服务等，旨在提高相关机构和人员的专业能力，推动城乡劳动力市场的融合与发展。与此同时，国际劳工组织还开展各种培训和教育活动，提高城乡劳动力的技能水平和适应能力。这些培训项目涵盖了职业技能培训、创业培训、社会保障知识普及等方面，有助于提升城乡劳动力的就业竞争力和创业能力，促进他们的流动和发展。

三是推动政策对话和合作。国际劳工组织倡导雇主、工人和政府之间的三方参与机制，通过对话和合作共同解决城乡劳动力流动中面临的问题和挑战。这种机制有助于平衡各方利益，推动政策制定和实施的公正性和有效性。与此同时，国际劳工组织积极推动国际间的交流与合作，分享各国在促进城乡劳动力流动方面的经验和做法。这有助于各国政府相互学习、取长补短，共同推动全球城乡劳动力市场的融合与发展。

四是关注特殊群体和弱势群体。国际劳工组织特别关注农村劳动力和女性劳动力在城乡流动中面临的问题和挑战，如就业机会不足、社会保障缺失、歧视和排斥等。通过制定专项政策和措施，国际劳工组织努力保障这些特殊群体和弱势群体的权益和利益，促进他们的流动和发展。与此同时，国际劳工组织还关注移民工人在城乡流动中的权益保护问题，推动各国政府加强移民工人的管理和服务，保障他们的劳动权益和社会福利。

综上所述，国际劳工组织通过制定和推广国际劳工标准、提供技术支持和培训、推动政策对话和合作以及关注特殊群体和弱势群体等方式来促进城乡劳动力流动。这些努力有助于打破城乡分割的壁垒，实现劳动力资源的自由流动和合理配置，推动经济社会的可持续发展。

第三节　进一步统筹城乡就业政策体系

一、深刻把握统筹城乡就业政策体系与推进中国式现代化的关系

从战略层面上准确把握统筹城乡就业政策体系与推进中国式现代化的关系，我们可以从以下几个方面进行理解：

首先，统筹城乡就业是实现城乡经济社会协调发展的必然选择。通过打破城乡分割的就业管理体制，让劳动力能够在城乡间、区域间和行业间合理流动，实现劳动力的自由公平竞争，这有助于促进城乡经济的协调发

展。而这种协调发展正是中国式现代化的重要内容之一。其次，统筹城乡就业有助于缩小城乡差距，促进社会稳定和谐。中国式现代化是全体人民共同富裕的现代化，而不仅仅是少数人或某个地区的富裕。通过统筹城乡就业，可以为农村富余劳动力提供更多的就业机会，增加其经济收入，改善生活环境，从而提高其生活质量。这种举措有助于缩小城乡之间的贫富差距，增强社会的稳定性和和谐性。第三，统筹城乡就业政策体系的推进与中国式现代化的进程是相辅相成的。一方面，中国式现代化需要城乡就业的统筹协调发展来为其提供坚实的经济基础和社会支撑；另一方面，进一步统筹城乡就业政策体系也是中国式现代化进程中的重要推动力量。

二、高水平统筹城乡就业政策体系

统筹城乡就业政策体系是指打破城乡二元社会结构，实行城乡平等、城乡一体的就业制度。其旨在改变过去国家在对待城乡就业关系上重城市轻农村的政策局限，通过政策创新和制度优化，为城乡劳动者营造一个公平竞争的劳动力市场环境。与此同时，统筹城乡就业政策体系是破解城乡发展不平衡、推动共同富裕的重要途径。近年来，随着中国经济社会的快速发展，城乡就业问题日益凸显，亟需通过构建高水平的政策体系来促进城乡劳动力市场的融合与协调发展。

1. 统筹城乡就业政策体系的主要目标

一是促进平等就业。消除影响平等就业的不合理限制和就业歧视，使城乡劳动者都能通过勤奋劳动实现自身发展。二是优化就业结构。推动就业结构从低技能、低附加值向高技能、高附加值转变，提高就业质量。三是增加农民收入。通过拓展农民就业创业途径，提高农民工资性收入，促进农民增收。四是推动城乡融合发展。促进城乡要素自由流动和平等交换，打破劳动力市场分割的藩篱，推动城乡融合发展。

2.统筹城乡就业政策体系的实践路径

一要完善政策法规体系。通过制定和完善相关法律法规，保障城乡劳动者在就业、社会保障等方面的平等权益。及时清理和废除一切不利于城乡劳动者平等就业的政策性文件。

二要加强就业服务体系建设。完善覆盖城乡的就业公共服务组织体系、公共就业创业服务体系和职业培训体系。加大基层公共就业服务平台建设投入，提升就业服务水平。强化就业信息化系统建设，提高就业服务的精准性和效率。

三要推动职业培训与产业发展深度融合。根据产业发展需求，调整和优化职业培训内容和方式。加强校企合作、产教融合，推动职业培训与产业发展深度融合。鼓励和支持社会力量参与职业培训，形成多元化培训格局。

四要促进农村劳动力转移就业。加强农村劳动力转移就业的组织和服务工作。完善农村劳动力转移就业的政策支持体系，包括财政补贴、税收优惠等。加强农村劳动力技能培训，提高其就业竞争力。

五要强化劳动权益保障。健全劳动关系协调机制，加强劳动保障监察执法。完善异地务工人员劳动权益保护机制，落实农民工与城镇职工平等就业、同工同酬制度。扩大社会保险覆盖范围，加快推进城乡社会保障制度衔接。

3.统筹城乡就业政策体系的成效与展望

预期的成效主要有：一是就业规模持续扩大。通过政策扶持和市场引导，城乡就业规模不断扩大，就业结构持续优化。二是就业质量稳步提高。随着职业培训与产业发展的深度融合，城乡劳动者的就业技能不断提高，就业质量稳步提升。三是农民收入显著增加。通过拓展农民就业创业途径和提高农民工资性收入，农民收入显著增加，城乡收入差距逐步缩小。四是城乡融合发展加速。随着城乡要素自由流动和平等交换的推进，城乡融合发展加速，城乡关系更加和谐。

展望未来，继续深化和完善统筹城乡就业政策体系，将强有力地助力中国式现代化建设。一方面，要进一步加强政策创新和制度优化，为城乡劳动者提供更加公平、高效的就业服务；另一方面，要加强职业培训与产业发展的深度融合，提高城乡劳动者的就业技能和竞争力。同时，还需要加强劳动权益保障和社会保险制度建设，为城乡劳动者提供更加全面、有力的保障和支持。

第四节　统筹城乡就业政策体系的典型案例

下面是我国各地统筹城乡就业政策体系的一些典型案例。

一、江西省万载县

自 2023 年以来，积极统筹城乡就业工作，探索针对失地农民的创业服务机制。强化宣传方面，将就业创业优惠政策和企业岗位信息装订成册送上门，并利用媒体宣传创业典型以增强失地农民创业信心。主动服务上，人社、就业、各乡镇（街道）、工商、税务等部门为失地农民开辟创业服务绿色通道，提供政策咨询、创业贷款、创业培训、项目推介等"一条龙"服务，还优先向失地农民发放创业担保贷款，累计为 77 名失地农民发放贷款 1145 万元，带动就业 183 人。提升技能上，围绕县内有机农业、花炮等优势产业，开展"技能 + 创业"相结合的培训，坚持多种培训方式相结合，分层、分类、分阶段进行，大大提升了失地农民的就业创业能力，累计开办 SYB 创业培训班 19 期，参训失地农民达 268 人。通过这些举措，共帮扶 400 多失地农民圆了创业梦。

二、陕西省铜川照金统筹城乡就业创业示范基地

这个基地是陕西省的统筹城乡就业创业示范基地之一。自 2012 年建立以来，按照"政府引导扶持、企业主体实施、大项目带动、市场化运作"的发展思路，通过发展产业带动就业、扶持创业带动就业。2014 年 8 月正式成立，以照金现代农业产业园、商业美食街、沿线农家乐、滑雪场、创意产品等 20 余个创业项目为孵化平台，以基地培训中心、服务中心、创业联盟、企业联盟等为服务窗口，打造了全方位、立体化的创业就业服务体系。2018 年 11 月，在铜川市就业局的指导下，照金人力资源公司成立（隶属照金村集团），该公司以陕西省统筹城乡就业创业示范基地、陕西省创业示范基地为依托，构建照金革命老区就业创业服务圈。服务圈辐射"一心一环四带"："一心"即核心区照金红色旅游名镇；"一环"即距核心区 1 小时车程内的小丘镇、关庄镇、瑶曲镇、庙湾镇、石柱镇；"四带"即红色旅游专线服务带、柳照路沿线服务带、龙潭——阿孜沿线服务带、照金——新区公路终点环线服务带。服务圈内共有 6 个乡镇、110 个村，常住人口 12.1 万，其中包含 7 个深度贫困村。照金人力资源公司定期对 7 个深度贫困村进行走访，了解贫困劳动力的就业状态和需求，并精准推送就业岗位，举办入户送岗位活动，推送岗位 500 余个。公司还联合照金当地各类社会资源，为有创业意愿的贫困群众提供创业培训、创业担保贷款、一次性创业补贴等多项创业服务。截至目前，累计解决照金镇区及周边沿线 3400 余人就业，实现当地及周边沿线创业 390 余人，培训 4500 余人次，先后荣获中国统筹城乡企业创新奖、陕西省服务名牌、陕西省高校毕业生就业见习示范基地等 31 项荣誉称号。目前，照金也正申报全国统筹城乡就业创业示范基地。

三、河北省巨鹿县

河北省巨鹿县将"稳就业"作为推动经济社会发展的重要抓手，围绕就业服务、就业模式、就业保障积极打造城乡就业创业"三重体系"。具体做法包括：一是搭建公共平台，提高服务水平。整合各方资源，建设创业孵化基地、众创空间，并搭建政银社企供需平台，实现政府、银行、社会组织、企业零距离沟通、无缝式对接。二是注重就业培训，增强就业能力。以市场需求为导向，分类开展线上线下创业就业培训，建设"田间学校"等培训设施，提升群众就业技能。三是加强资金支持，激发就业活力。提高个人创业担保贷款额度，降低小微企业创业担保贷款申请门槛，并设立小额扶贫贷款，为贫困群众创业提供资金支持。通过"三重体系"的建设，巨鹿县实现了城乡就业创业一体化发展，有效促进了劳动力转移就业和创业带动就业。

这些案例在统筹城乡就业政策体系方面都取得了显著成效，通过各种措施促进了城乡劳动力的就业和创业，提高了就业质量，推动了城乡经济社会的发展。不同地区可以根据自身实际情况，借鉴这些经验，制定和完善适合本地的统筹城乡就业政策。

本章参考文献：

［1］刘永魁.系统推动人力资源服务业与高质量充分就业协同发展.中国人力资源社会保障 [J]，2024（5）.

［2］都阳.以一致性的政策推动高质量充分就业.中国人口科学 [J]，2024（1）.

［3］涂永前.新时代就业优先的政策和法律保障.广西社会科学 [J]，2023（9）.

［4］陈敏，方能，姚琦，冯帆.就业优先战略下就业政策效应研究.统计科学与实践 [J]，2024（4）.

［5］辛冲冲，王丹竹.提高人民生活品质与完善社会基本公共服务体系关系探析.桂海论丛 [J]，2024（4）.

［6］刘璐婵，刘艺.就业优先战略背景下城乡低保制度的劳动参与抑制效应研究——来自模糊断点回归的证据.南方人口 [J]，2024（2）.

［7］杨梅，刘昌威，颜萍."取消报到证"背景下高校毕业生就业衔接工作机制探析.中国大学生就业 [J]，2024（3）

［8］许光建.新冠肺炎疫情影响下就业问题怎么看怎么办.国家治理 [J]，2022（15）.

［9］杨宜勇.劳动就业必须稳字当头兼顾提质增效.金融博览 [J]，2022（8）.

第十章　支持和规范发展新就业形态

　　党的十八届五中全会公报首次提出"新就业形态"的概念，强调实施更加积极的就业政策，完善创业扶持政策，加强对灵活就业、新就业形态的支持。党的二十大报告、党的二十届三中全会文件均提出"支持和规范发展新就业形态"，并对加强灵活就业和新就业形态劳动者权益保障提出了明确要求。

第一节　新时代就业形态不断发展壮大

一、什么是新就业形态

　　新就业形态是指伴随着互联网技术应用和数字经济发展而出现的一种就业新模式。这种就业形态具有劳动关系灵活化、工作内容多样化、工作方式弹性化、工作安排去组织化以及创业机会互联网化等特点，正在成为吸纳就业的一条重要渠道。

　　具体来说，目前新就业形态具有以下几个鲜明特征：

　　一是劳动关系灵活化。新就业形态打破了传统的雇佣关系，劳动者与用工单位之间的关系更加灵活，可能采用兼职、临时工、自由职业等多种形式。二是工作内容多样化。随着数字经济的发展，新就业形态涵盖了多个领域，如互联网营销、网约配送、网约车服务、在线教育等，为劳动者提供了丰富多样的工作选择。三是工作方式弹性化。新就业形态允许劳动者根据自己的时间、技能和兴趣安排工作，提高了工作的灵活性和自主性。四是工作安排去组织化。新就业形态下的工作往往不依赖于传统的组织结构，而是通过互联网平台实现供需双方的直接对接，减少了中间环节，提高了效率。五是创业机会互联网化。互联网平台为新就业形态的劳动者提供了更多的创业机会，他们可以通过互联网展示自己的才华和技能，吸引客户和合作伙伴。六是新就业形态的出现，不仅为劳动者提供了更多的就业机会和选择，也促进了数字经济和共享经济的发展。然而，新就业形态也带来了一些挑战，如劳动者权益保障、劳动关系认定等问题。因此，在支持和规范发展新就业形态的过程中，需要政府、企业和劳动者共同努力，建立健全相关法律法规和政策体系，保障劳动者的合法权益，促进新就业形态的健康发展。

总之，新就业形态作为数字经济和互联网技术发展的产物，具有灵活多样、高效便捷等特点，正在成为吸纳就业的重要渠道。未来，随着技术的不断进步和政策的不断完善，新就业形态有望发挥更大的作用，为经济社会发展做出更大的贡献。

二、新时代新就业形态迅猛发展

新时代下，新就业形态迅猛发展，这主要得益于互联网、大数据、云计算等技术的广泛应用和数字经济的快速发展。目前新就业形态已经成为吸纳就业的重要渠道，为劳动者提供了更多的就业机会和选择。

1.新就业形态迅猛发展的原因

一是新技术驱动。互联网、大数据、云计算等技术的广泛应用为新就业形态的发展提供了强有力的技术支持。这些技术使得工作任务的分解、匹配和完成更加高效便捷，降低了创业和就业的门槛。

二是市场需求旺盛。随着消费者对个性化、多元化服务需求的增加，传统就业形态难以满足市场需求。新就业形态以其灵活多样的特点，能够更好地满足市场需求，提供高质量的服务。

三是政府政策支持。政府对新就业形态的支持力度不断加大，出台了一系列政策措施，鼓励和支持新就业形态的发展。这些政策包括税收优惠、财政补贴、创业扶持等，为新就业形态的创业者提供了良好的政策环境。此外，人力资源社会保障部等部门编制了《新就业形态劳动者休息和劳动报酬权益保障指引》《新就业形态劳动者劳动规则公示指引》《新就业形态劳动者权益维护服务指南》等文件，旨在指导和规范新就业形态的发展，保障劳动者的合法权益。

2.新就业形态的主要类型

一是共享经济类。如网约车、共享单车、共享住宿等，通过共享闲置资源，实现资源的优化配置和高效利用。

二是平台经济类。如电商平台、外卖平台、在线教育平台等，通过搭建互联网平台，实现供需双方的直接对接和交易。

三是灵活就业类。如自由职业者、兼职工作者、远程工作者等，他们可以根据自己的时间、技能和兴趣安排工作，享受工作的灵活性和自主性。

总之，新就业形态覆盖了多个行业领域，包括互联网、物流、交通、教育、医疗等。其中，互联网平台经济是新就业形态的主要载体，通过提供灵活多样的就业机会，吸引了大量劳动者参与。

3.新就业形态的影响与挑战

从积极影响的角度看，一是有利于促进就业增长。新就业形态为劳动者提供了更多的就业机会和选择，有助于缓解就业压力。二是有利于提高资源配置效率。通过技术手段实现工作任务的精准匹配和高效完成，提高了劳动力资源的配置效率。三是有利于推动创新创业。新就业形态鼓励创新创业精神，为创业者提供了更多的创业机会和平台。

从面临的主要挑战来看，一是劳动关系认定难。新就业形态下的劳动关系更加灵活多样，给劳动关系认定带来了挑战。二是劳动者权益保障不足。部分新就业形态下的劳动者缺乏必要的劳动权益保障，如社会保险、劳动安全等。三是法律法规滞后。现有的法律法规体系尚未完全适应新就业形态的发展需求，需要进一步完善相关法律法规和政策体系。

4.政策支持力度加大

为了促进新就业形态的发展，各级政府出台了一系列政策措施。这些政策旨在优化就业环境、加强劳动者权益保障、提高就业质量等方面发挥积极作用。例如，加强对新就业形态劳动者的社会保障制度建设，推动其纳入工伤保险等社会保险覆盖范围；加强职业培训和教育引导，提高新就业形态劳动者的职业技能和就业竞争力。

5.总体规模迅速扩大

随着新就业形态的兴起，其规模在全国范围内迅速扩大，目前新就业形态劳动者已达 8400 万人。另据阿里研究院预测，到 2036 年，我国新型灵活就业者可能达到 4 亿人的规模。这一数字不仅显示了新就业形态劳动者的庞大队伍，也反映了其在就业市场中的重要地位。

综上所述，新时代下新就业形态的迅猛发展是技术、市场和政策等多方面因素共同作用的结果。未来，随着技术的不断进步和政策的不断完善，新就业形态有望发挥更大的作用，为经济社会发展做出更大的贡献。同时，也需要关注并解决新就业形态发展过程中面临的挑战和问题，确保新就业形态的健康发展。

三、目前新就业形态的职业目录

目前，新就业形态包含的职业目录随着经济社会的发展和技术的不断进步而持续更新和扩展。根据人力资源社会保障部最新的公示和相关信息，当前新就业形态中包含下列职业目录。

一是数字职业领域。比如网络主播，通过互联网平台进行直播销售、娱乐表演、知识分享等活动的人员。生成式人工智能系统应用员，运用生成式人工智能技术，进行模型训练、优化、评估及应用的人员。用户增长运营师，运用数字化工具，从事企业或机构用户增长、管理及运营等工作的人员。云网智能运维员，负责云计算、网络等基础设施的智能化运维和管理的人员。

二是智能制造与工业互联网领域。比如智能制造系统运维员，负责智能制造系统的日常运维、故障排查和优化等工作的人员。工业互联网运维员，专注于工业互联网平台的运维和管理，确保平台稳定运行的人员。工业互联网工程技术人员，在网络互联、标识解析、平台建设、数据服务等领域从事相关工作的人员。

三是新能源汽车与智能网联汽车领域。比如智能网联汽车测试员，负责智能网联汽车的测试、验证和评估工作的人员。

四是生物技术与医疗健康领域。比如生物工程技术人员，从事生物技术研发、生产、应用和管理等工作的人员。

五是文化创意与传媒领域。比如文创产品策划运营师，负责文化创意产品的策划、设计、推广和运营等工作的人员。

六是其他新职业领域。比如管廊运维员，负责城市地下管廊的运维和管理，确保管廊内各类设施正常运行的人员。服务机器人应用技术员，负责服务机器人的部署、调试、维护和优化等工作的人员。

此外，还有大数据工程技术人员、工业互联网工程技术人员、工业机器人系统操作人员等，这些职业也是近年来随着数字经济发展而兴起的新就业形态。

需要注意的是，上述新就业形态的职业目录一直是动态变化的，随着技术的进步和产业的发展，新的职业会不断涌现。因此，以上列表仅供参考，具体的新就业形态职业目录应以人力资源社会保障部等权威机构发布的最新信息为准。

第二节 世界新就业形态的发展态势

国际劳工组织关于世界新就业形态发展态势的研究，可以从以下几个方面进行概述：

一、关于新就业形态的兴起与定义

所谓新就业形态是随着新技术、新经济和新业态的兴起而逐渐形成的，它们以不同于传统就业模式的方式为劳动者提供就业机会。这些形态通常依赖信息技术手段、互联网平台、通讯技术等提供商品或服务，且劳动关系具有不确定性或灵活性。

二、关于新就业形态的类型

根据劳动关系的"新"和劳动方式的"新"，新就业形态可以划分为多种类型，如以"去雇主化"为典型特征的新就业形态（如网约工、众包工作等）、以"多雇主化"为典型特征的新就业形态（如共享用工等），以及以标准劳动关系下劳动方式的新型化为特征的新就业形态（如远程办公、在线工作等）。

三、关于新就业形态的发展态势及面临的挑战

一是规模扩大。随着全球数字化和信息化的加速推进，新就业形态的数量和规模不断扩大。越来越多的劳动者选择加入这些新兴业态，寻求更加灵活多样的就业机会。二是行业分布广泛。新就业形态已经渗透到多个

行业领域，包括互联网、物流、交通、教育、医疗等。这些行业通过引入新技术和新模式，为劳动者提供了更加多元化的就业选择。三是政策环境优化。为了促进新就业形态的发展，各国政府纷纷出台相关政策措施，优化就业环境、加强劳动者权益保障、提高就业质量。这些政策为新就业形态的发展提供了有力支持。

尽管新就业形态带来了诸多机遇，但也面临着一些挑战。例如，劳动者法律身份认定和权益保障问题、劳动关系确认和劳动监管难适应等问题仍需解决。同时，如何平衡新就业形态与传统就业模式之间的关系，也是一个亟待解决的问题。

一是数字劳工平台发展不均衡。过去十年间，数字劳工平台的数量增长了五倍，且增长集中在少数几个国家。新增平台中的很大一部分集中在美国、印度和英国等地。对数字劳工平台投资的分布和平台利润的全球分配在地理上也呈现不均衡，大部分投资集中在亚洲、北美和欧洲，收益则主要集中在美国和中国等国家。

二是在线网络平台劳动力供应过剩。自新冠疫情爆发以来，平台劳动力供应大大增加，而劳动需求却减少并转向了主要与软件开发和科技相关的工作，导致一些数字劳工平台上出现劳动力供应过剩的现象，加剧了从业者之间工作任务分配的竞争，给工作任务价格带来了下行压力。

三是平台从业者面临新挑战。主要有4点：1. 收入差距明显。数字劳工平台工作是许多从业者的主要收入来源，但来自发达国家和发展中国家的在线网络平台从业者收入存在重大差异，发展中国家从业者的收入往往低于发达国家从业者。2. 工作强度有差异。在线网络平台从业者通常一周平均工作23个小时，其中约三分之一的时间花费在无薪酬的工作上，半数从业者还拥有其他有薪工作，导致一周工作时间很长；基于位置的平台上，工人大多需要高强度和长时间地工作，如出租车行业每周平均工作时长为65个小时，配送部门为59个小时，且两类平台的大多数从业者都希望接到更多工作。3. 社会保障覆盖不足。大部分数字劳工平台从业者不享有社会保障覆盖，基于位置的平台从业者（尤其是妇女）面临多种职业安全和健康风险，却很少能获得社会保护。在新冠大流行期间，这一问题为所有平台从业者带来了严峻挑战。4. 集体谈判权受限。在众多司法系统中，竞争法禁止自雇者进行集体谈判。不过部分国家对特定类型的自雇型工人施行另外规定，给予其集体谈判权。尽管面临地理位置分散等挑战，不同地区的从业者仍通过数字化手段等组织了起来，推动工会成立或进行其他维权行动。

第三节　发展新就业形态的典型案例

我国各地发展新就业形态的典型案例众多，这些案例展现了新就业形态在不同地区、不同行业中的创新实践。

一、广东广州

积极开展新职业技能人才培训评价，支持龙头企业牵头制定评价规范以及举办职业技能大赛等。美团外卖等平台企业推出"骑手老带新"培训、与国家开放大学开展"骑手上大学"合作项目，并通过"站长培养计划"为骑手提供晋升渠道。广州市还推行非本市户籍就业人员凭在穗就业登记证明等资料在本市的参保工作，设立灵活就业服务专区，搭建线上线下灵活用工供需对接平台，开展专场招聘服务，并发起成立灵活就业与新业态就业服务联盟，建设法律援助工作站。

二、兰州新区

建起新就业形态劳动者驿站，从有利于劳动者工作和生活的角度出发，进行科学规划、合理选址。驿站包含休闲休息区、硬床小憩区、吃饭充电区、学习交流区、职工书屋、洗衣房和卫生间等配套基础设施，提供饮水、休息、餐饮、洗衣、如厕等服务。截至 2023 年 9 月底，甘肃省"建设 100 个新就业形态劳动者驿站"的民生实事已全部建设完成。

三、宁波鄞州

案例一：胡某在某传媒公司从事娱乐主播工作，双方签订合作协议，约定按比例分配粉丝"打赏"金额，直播内容、地点由胡某自行安排，但需保证前两个月内每晚开播至少 8 小时，其余时间可在其他平台直播。胡某直播半月后因劳累自行停播休息，公司以直播时长不足为由未发放当月报酬，胡某申请劳动仲裁要求支付工资和加班工资。仲裁委认为，公司未对胡某进行严格用工管理，不足以认定双方为劳动关系，应按双方书面协议约定结算报酬。

案例二：陈某通过某家政公司介绍下载家政 App，根据 App 上发布的客户订单自主选择接单，做一单算一单无保底，每单完成后家政公司抽取一定比例中介费，由平台直接支付服务费。后因客户投诉，App 平台停止为陈某派单，陈某要求家政公司支付违法解除劳动赔偿金。仲裁委认为，虽然家政公司通过平台对陈某有一定管理，但主要是对服务质量的监督，而非人身、组织、经济上的从属性，不足以认定劳动关系，不适用违法解除劳动合同赔偿金。

案例三：林某与某人力资源公司签订劳务派遣劳动合同，被安排在某菜鸟驿站从事快递配送工作，因多次丢件被处以"丢一罚三"罚款，导致拿不到派件工资甚至"倒欠"公司钱。双方就被扣罚金产生争议，林某提起劳动仲裁申请要求公司返还克扣工资。仲裁委认为，林某多次丢件给公司造成经济损失，可从其工资中扣除合理赔偿，但每月扣除部分不得超过当月工资的 20% 且不得低于最低工资标准。经调解，林某认识到工作问题并同意承担合理赔偿，快递公司也认识到"丢一罚三"的不合理性，依法结算工资，双方达成和解。

案例四：崔某在某外卖 App 上注册成为兼职骑手，第二天配送订单时发生交通事故，肇事方逃逸。经仲裁委联系，劳务公司经营地在外地，但已按平台要求为崔某参加商业保险。为保障崔某后续治疗费用，调解员积极联系公司通过线上提交理赔资料为其办理保险手续。

四、广西案例

案例一：柳州某配送公司系某网络平台配送业务的区域承包商，唐某某经该公司招聘入职担任某站点的网络配送员。公司为其出具用工证明并多次转账，还根据唐某某完成的配送单量制作表格提交至网络平台，经核算后通过平台端支付报酬。工作期间，唐某某通过网络平台完成接单等任务，且需接受公司在微信工作群中的排班、考勤、派单管理，未到岗需请假。后该公司删除唐某某配送员账号，唐某某诉请确认劳动关系，最终仲裁确认其与柳州某配送公司存在劳动关系。此案例中，双方主体资格与业务范围符合规定，有建立劳动关系的合意，唐某某接受公司日常管理，有人身依附性，且劳动报酬由公司核算发放，存在经济从属性，符合劳动关系构成特征。

案例二：叶某某经骑手介绍到某电子商务有限公司旗下的网络配送平台工作，自带交通工具及必备器械在站点打卡上班。之后某网络科技有限公司与尚未成立的某商务服务工作室（经营者为叶某某）签订项目转包协议，明确双方系独立民事承包合作关系。叶某某送外卖返回途中摔倒后，诉求确认与电子商务有限公司存在劳动关系，最终仲裁确认双方不存在事实劳动关系。此案例中，叶某某自带工具，未接受平台企业直接指导管理，体现的人格从属性不符劳动关系内在本质属性；其报酬根据送单量计算，不具规律性和固定性，与劳动关系中工资制存在差异。

案例三：广西某传媒公司筹备阶段招聘吕某从事主播工作，双方口头约定吕某每月工作时长不少于 160 小时、休息 5 天，完成直播任务后公司支付保底工资及提成，直播收益归公司所有。吕某每天直播 6 小时，公司未为其缴纳社会保险费。后吕某以公司未缴纳社保为由提出解除劳动关系，并要求支付经济补偿等。法院认为双方符合劳动关系特征，判决传媒公司支付吕某经济补偿等。

五、合肥案例

案例一：近年来，安徽合肥市总工会在全市范围内推行组建乡镇（街道、社区、开发园区）新就业形态联合工会，旨在实现新就业形态劳动者的兜底覆盖。构建纵横交织、上下贯通的组织体系，确保新就业形态劳动者能够便捷地加入工会。加入合肥市新业态新就业群体党建联盟，将新就业形态劳动者入会纳入专项服务清单，完善关爱制度机制。优化网上入会操作流程，实现基于地理位置的"扫码填报"全流程网上操作，累计吸纳会员近 5.6 万人。为新就业形态劳动者量身定制服务举措，开展专项思想引领、劳动和技能竞赛、慰问帮扶等活动，赠送意外伤害互助保障计划等。目前全市累计建成工会驿站 1336 家，年服务户外劳动者达 176 万人次，有效提升了新就业形态劳动者的归属感和幸福感。

案例二：合肥晶合集成电路股份有限公司工会秉承"创新"理念，利用数字技术服务职工。主要举措有：建设智慧服务平台，基于微信小程序研发推出智慧服务平台，全方位囊括工会各项服务。推动顺风拼车，为缓解通勤压力、倡导低碳出行，创新上线顺风拼车功能。发展便民服务，设立便民理发室，并在平台上线预约系统，提高会员满意度。举办多场社团活动，增强职工间的互动与凝聚力。推出"晶芯筑爱"系列公益项目，鼓励会员参与积分募捐和志愿者活动。目前，拼车平台累计注册人数超 3900人，拼单 9.2 万余次；便民理发室会员满意度达 98%；公益项目累计捐赠54 万爱心积分，折合 5 万余元。

案例三：科大讯飞集团工会为提升职工参与企业决策的积极性，搭建了在线互动平台。设立职工意见反馈平台，通过公司内网、微信公众号等渠道鼓励职工参与企业经营与决策。开展"高管面对面"直播，定期举行直播活动，由公司高管解答职工疑问，覆盖薪酬绩效、个人发展等多个方面。搭建"钻石社区"论坛，在内网设立论坛，分门别类设置专栏，方便职工提出问题和意见建议。自平台搭建以来，已有 20 多名公司高管参与直播，超万名职工参与互动；论坛平均每周反馈达到 35 条，有效提升了职工的参与度和归属感。

以上案例展示了中国各地在发展新就业形态方面的积极探索和创新实践。这些案例不仅提升了新就业形态劳动者的权益保障和归属感，还促进了企业与职工之间的良性互动和共同发展。随着数字技术和互联网平台的不断发展，新就业形态将在未来发挥更加重要的作用。

第四节　下一步支持和规范发展新就业形态的建议

未来支持和规范发展新就业形态，可以考虑采取以下几个方面的措施：

一是进一步完善法律法规。加快制定和完善适应新就业形态的法律法规，明确各方的权利和义务，特别是对于不完全符合确立劳动关系的情形，要进一步细化相关规定，统一劳动仲裁与判决标准，为劳动者权益保障提供明确更加的法律依据。

二是进一步明确劳动关系认定标准。严格遵循相关指导意见规定的三种法律关系认定，不能简单地将所有与新业态从业相关者都认定为"不完全劳动关系"，也不能将劳动关系认定泛化。对于符合确立劳动关系情形的，企业应依法与劳动者订立劳动合同；不完全符合确立劳动关系情形但企业对劳动者进行劳动管理的，指导企业与劳动者订立书面协议，合理确定双方权利义务；个人依托平台自主开展经营活动、从事自由职业等，按照民事法律调整双方权利义务。同时，可以借鉴国外"第三类劳动者"的相关标准，在理论和实务互动中进一步探索认定要素。

三是进一步强化平台企业责任。法律应明确规定共同用工规则，要求平台企业作为共同用人单位或实质用工主体承担连带责任。对于假借外包之名、实际架空承包商运营和管理地位的情形，法院应遵循事实优先原则，以实际用工情况为依据，要求平台企业直接承担用工主体责任。平台企业需依法保障劳动者的权益，包括合理确定劳动报酬、科学安排工作时间、规范劳动规则制定等。

四是进一步健全保险制度。深入推进社会保险征收体制改革，合理降低社会保险费率，扩大社保参保覆盖面。完善新就业形态劳动者工伤保险制度的工伤认定机制，结合新业态用工特点对工伤认定的基本要素进行解释。明确缴费主体，强化平台劳动者权益保障责任，规定平台企业与劳动者共同成为缴费主体。鼓励劳动者根据自身情况参加相应的社会保险或购买商业保险作为补充。

五是进一步加强政策支持。继续强化就业优先政策，为新就业形态创造良好的发展环境。例如，给予符合条件的新就业形态企业房租减免、贷款优惠等政策扶持；拓宽市场化就业渠道，促进创业带动就业；运用就业专项补助等资金，支持各类劳动力市场、人才市场、零工市场建设。

六是进一步提升服务质量。政府部门、工会、企业代表组织等要为新就业形态劳动者提供更优质的服务。例如，指导企业建立健全与劳动者的常态化沟通机制和申诉机制；鼓励工会积极吸收新就业形态劳动者入会，为其提供法律援助等服务；相关部门要优化维权服务渠道，建立"一站式"争议调处机构，加强劳动争议调解仲裁、劳动保障监察等工作。

七是进一步开展技能培训。支持和鼓励平台企业及相关机构开展新职业技能人才培训评价，举办职业技能大赛等。平台企业可推出"骑手老带新"培训、与高校合作开展"骑手上大学"等项目，并提供晋升渠道，帮助劳动者提升技能，实现高质量就业。

八是进一步加强监管力度。劳动监察部门应制定相应的监管规范标准，根据不同行业的特点和突出问题进行针对性监管，依法惩治规避法律责任的行为，确保企业合规用工。

九是进一步加大宣传引导。通过多种渠道宣传新就业形态的特点和优势，提高社会对新就业形态的认知和认可。同时，加强对劳动者的法律知识普及和权益保护教育，提高其维权意识和能力。

展望未来，随着数字技术和共享经济的不断发展，新就业形态将继续保持快速增长的态势。我们需要进一步完善相关政策法规体系，加强监管和执法力度，确保新就业形态的健康发展。同时，还需要关注劳动者的实际需求和发展需求，为他们提供更加全面、优质的服务和支持。通过政府、企业、社会等多方面的共同努力，有望推动新就业形态实现更加规范、健康、可持续的发展。

本章文献参考：

[1] 李宗泽，丁赛尔，殷宝明，涂伟. 国外新就业形态的发展、问题及借鉴. 中国劳动 [J]，2022（4）

[2] 评论员. 就业优先战略下支持和促进新就业形态释放潜力. 中国就业 [J]，2024（5）.

[3] 刘蓉. 新就业形态劳动保障法制化实践与探索. 兰州学刊 [J]，2023（9）.

[4] 马永春. 让数字经济更好承载高质量充分就业. 群众 [J]，2023（8）.

[5] 马新平，杨志超，郭秋怡. 基于投入占用产出模型和 SDA 方法的数字经济影响就业机理研究. 系统科学与数学 [J]，2023（4）.

[6] 葛俊杰，周旸. 就业育人视角下高校生涯教育的实践和思考——以南京大学为例. 中国大学生就业 [J]，2022（1）.

[7] 许光建，黎珍羽. 打通社会再生产各个环节多途径促进共同富裕. 价格理论与实践 [J]，2021（11）

[8] 宋秀军，王书军，尹彦罡. 就业干预政策下工资增长机制研究. 经济与管理 [J]，2023（2）.

第十一章　完善促进机会公平制度机制

　　党的二十届三中全会要求："完善促进机会公平制度机制，畅通社会流动渠道。"完善促进机会公平制度机制与畅通社会流动渠道之间存在着紧密的逻辑关系。这种关系体现在多个方面，共同构成了推动社会公平正义的重要基石。

第一节　新时代促进机会公平制度机制建设进展顺利

一、什么是机会公平

　　机会公平作为法律和社会公正的一个重要方面，它指的是每个人在社会活动中都享有平等的参与机会，不因身份、地位、财富等因素而受到限制或歧视。这种平等参与的机会涵盖了教育、就业、晋升、创业等各个领域，是实现社会公正的前提和基础。

　　在法律上，机会公平通常体现为平等原则，即民事主体在民事活动中的法律地位一律平等。这一原则在《中华人民共和国民法典》第四条中得到了明确体现。机会公平的实现，要求社会在分配资源和机会时，遵循公正、合理、透明的原则，确保每个人都能够平等地竞争和获取。

具体来说，人生的机会公平主要包括以下几个方面：

一是教育公平。每个人都应享有平等接受教育的机会，不受家庭背景、经济条件等因素的影响。教育资源的分配应尽可能均衡，确保每个孩子都能获得良好的教育。

二是就业公平。在就业市场上，每个人都应享有平等的就业机会，不因性别、年龄、种族、宗教信仰等因素而受到歧视。同时，用人单位在招聘过程中应遵守相关法律法规，确保招聘过程的公正性和透明度。

三是创业公平。对于有志于创业的人来说，社会应提供平等的创业机会和条件。政府可以出台相关政策，为创业者提供资金、技术、市场等方面的支持，降低创业门槛和风险。

四是晋升公平。在职场中，每个人都应享有平等的晋升机会，晋升标准应客观、公正、透明。用人单位应建立完善的晋升制度和机制，确保员工能够根据自己的能力和贡献获得相应的晋升机会。

二、实现机会公平的社会力量

在现代中国，实现机会公平的社会力量主要包括以下几个方面：

1. 政府力量

一是政策制定与执行。政府是制定和执行政策的主要力量，通过出台相关政策，如教育公平政策、就业促进政策、社会保障政策等，来保障公民的机会公平。政府还可以制定反歧视法律，禁止任何形式的基于身份、地位、财富等因素的歧视，确保每个人都能在公平的环境下参与社会活动。二是资源配置。政府通过财政投入、税收优惠等手段，优化资源配置，确保教育、医疗、就业等领域的资源能够公平分配，为弱势群体提供更多支持。政府还可以推动基础设施建设，改善贫困地区和农村地区的发展条件，为当地居民提供更多发展机会。三是监管与评估。政府应加强对政策执行情况的监管和评估，确保政策目标得以实现。同时，对于政策执行中出现的问题，政府应及时调整和完善相关政策。

2.社会组织

一是非政府组织（NGO）的作用。非政府组织在推动社会公正和机会公平方面发挥着重要作用。它们可以关注特定群体或领域的问题，通过提供教育、培训、咨询等服务，帮助弱势群体提升能力，增加发展机会。非政府组织还可以倡导社会关注某些问题，推动政府出台相关政策或改进现有政策。二是企业的作用。企业作为社会的重要组成部分，也承担着推动机会公平的责任。企业可以通过提供平等的就业机会、建立公正的晋升机制、支持员工发展等方式，为员工创造更多发展机会。同时，企业还可以通过履行社会责任，支持公益事业，为弱势群体提供更多帮助和支持。

3.媒体与公众

一是媒体的作用。媒体是信息传播的重要渠道，可以通过报道社会问题、倡导社会公正等方式，提高公众对机会公平问题的认识和关注度。媒体还可以发挥监督作用，揭露和批评社会中的不公现象，推动政府和社会各界采取措施加以改进。二是公众的作用。公众是社会的主体，也是推动机会公平的重要力量。公众可以通过参与社会活动、表达意见和诉求等方式，推动政府和社会各界关注并解决机会公平问题。公众还可以提高自身的素质和能力，通过自身努力争取更多发展机会。

三、什么是促进机会公平制度机制

促进机会公平的制度机制是指一系列旨在确保每个人都能平等地获得发展机会、参与社会活动并享受其成果的制度安排和政策措施。这些制度机制的目标是消除基于身份、地位、财富等因素的不平等，推动社会公正和共同富裕的实现。以下是促进机会公平制度机制的主要方面：

1.教育公平制度

一是平等教育资源分配。确保教育资源在城乡、区域、学校之间的均衡分配，缩小教育差距。加大对贫困地区和弱势群体的教育投入，提高教育质量和水平。二是优惠政策与支持。实施针对经济困难学生的奖学金、助学金等优惠政策，确保他们不会因为经济原因而失去受教育的机会。加强特殊教育、职业教育等多元化教育体系建设，满足不同群体的教育需求。三是教育体制改革。推动教育去行政化、去官僚化，增强学校办学自主权，提高教育质量。加强教育监管和评估，确保教育政策的有效执行和教育目标的实现。

2. 就业公平制度

一是反歧视法律与政策。制定和执行反就业歧视法律，保护劳动者免受性别、年龄、种族、宗教信仰等因素的歧视。加强劳动监察和执法力度，对违法违规行为进行严厉打击。二是就业服务与培训。建立完善的就业服务体系，为求职者提供职业咨询、技能培训等服务。鼓励企业采取多元化和包容性的招聘政策，促进就业机会的公平分配。三是社会保障与救助。建立健全社会保障体系，为失业人员、低收入家庭等提供基本生活保障。实施就业援助计划，帮助困难群体实现就业和再就业。

3. 公共服务均等化制度

一是基本公共服务体系建设。加强基本公共服务体系建设，提高公共服务水平和覆盖面。推动城乡、区域基本公共服务均等化，缩小公共服务差距。二是公共资源分配。确保公共资源在城乡、区域、群体之间的公平分配，让所有人都能享受到优质的公共服务。加强公共资源监管和评估，确保公共资源使用的合理性和有效性。

4. 公平竞争制度

一是市场竞争监管。加强市场竞争监管，打击垄断和不正当竞争行为，维护市场秩序和公平竞争环境。推动市场开放和准入便利化，降低市场门槛和成本，为中小企业和创业者提供更多发展机会。二是知识产权保护。加强知识产权保护力度，鼓励创新和发明创造，为创新者提供有力保障。

打击侵犯知识产权行为，维护创新生态和市场秩序。

5.社会参与与监督机制

一是公众参与。鼓励公众参与社会事务管理和监督，提高社会透明度和参与度。建立健全公众参与渠道和平台，让公众能够便捷地表达自己的意见和诉求。二是媒体监督。发挥媒体在监督社会不公和揭露问题方面的作用，推动社会公正和机会公平的实现。加强媒体自律和监管，确保报道的真实性和客观性。

综上所述，促进机会公平的制度机制是一个复杂而庞大的系统工程，需要政府、社会、企业和公众等多方面的共同努力和协作。通过不断完善相关制度机制和政策措施，我们可以逐步消除社会中的不平等现象，推动社会公正和共同富裕的实现。

四、新时代促进机会公平制度机制建设的重大进展

新时代我国促进机会公平制度机制建设取得了重大进展，这些进展主要集中体现在以下几个方面：

一是政策导向与制度完善。党的二十大报告明确提出要"扎实推进共同富裕"，并对完善分配制度作了部署，强调"坚持多劳多得，鼓励勤劳致富，促进机会公平"，为新时代促进机会公平提供了政策导向。应突出制度机制创新，通过健全基本公共服务体系、提高公共服务水平、增强均衡性和可及性等措施，为全体人民创造更加公平的发展机会。同时，完善就业公共服务体系，加强重点群体就业支持，消除影响平等就业的不合理限制和就业歧视，使每个人都能通过勤奋劳动实现自身发展。

二是教育公平与人才培养。优化教育资源均衡配置，国家加大对教育事业的投入，特别是农村和边远地区的教育投入，努力缩小城乡、区域、校际间的教育差距。通过实施教育扶贫、乡村教师支持计划等措施，提高农村教育质量，为农村孩子创造更好的学习条件。深化教育改革，创新人

才培养模式，注重培养学生的创新精神和实践能力。通过实施"双一流"建设、职业教育改革等措施，培养更多高素质、高技能人才，为经济社会发展提供有力的人才支撑。

三是社会保障与公共服务。聚焦社会保障体系完善，建立健全覆盖城乡的社会保障体系，提高社会保障水平。通过实施养老保险、医疗保险、失业保险等制度，为人民群众提供基本的生活保障。同时，加强社会救助体系建设，确保困难群众的基本生活得到保障。推进基本公共服务均等化，提高公共服务的可及性和便捷性。通过加强基础设施建设、优化公共服务资源配置等措施，提高城乡公共服务水平，让人民群众共享改革发展成果。

四是经济体制改革与市场竞争。加快完善社会主义市场经济体制，充分发挥市场在资源配置中的决定性作用。通过深化国有企业改革、支持民营经济发展等措施，激发各类市场主体的活力，为经济社会发展注入强大动力。加强反垄断和反不正当竞争执法力度，打破行业垄断和地方保护主义壁垒，营造公平竞争的市场环境。同时，完善知识产权保护制度，激励创新创业活动，为经济社会发展提供有力支撑。

五是法治保障与人权保护。全面推进依法治国战略实施，加强法治政府建设、法治社会建设等工作。通过完善法律法规体系、加强执法司法监督等措施，为机会公平提供坚实的法治保障。尊重和保障人权是宪法的基本原则之一。国家通过完善人权保障制度、加强人权宣传教育等措施，确保每个人都能够享有基本的人权和尊严。同时，加强对弱势群体的保护力度，让每个人都能够感受到社会的温暖和关怀。

综上所述，新时代中国在促进机会公平制度机制建设方面取得了重大进展。这些进展不仅体现在政策导向与制度完善上，还体现在教育公平与人才培养、社会保障与公共服务、经济体制改革与市场竞争以及法治保障与人权保护等多个方面。这些措施的实施为全体人民创造了更加公平的发展机会和更加美好的生活条件。

第二节 研究机会公平的基础理论

以下是一些研究机会公平经典的基础理论：

一、马克思主义的公平理论

马克思主义的公平理论建立在对社会经济结构和阶级关系的深刻分析基础之上。马克思主义认为，公平不是抽象的、永恒不变的概念，而是具体的、历史的，是由社会的经济基础所决定的。在不同的社会经济形态中，公平具有不同的内涵和标准。在阶级社会中，生产资料私有制导致了阶级剥削和不平等，使得广大劳动人民无法获得公平的机会和待遇。只有在社会主义和共产主义社会，当生产资料公有制得以建立，阶级剥削被消除，人们才能实现真正的公平，包括机会公平。马克思主义强调，劳动是创造价值的源泉，劳动者应当获得与其劳动贡献相适应的回报。公平意味着按照劳动者的劳动付出进行分配，保障劳动者的权益，实现人的自由而全面的发展。同时，马克思主义认为公平的实现是一个逐步的历史过程，需要通过社会生产力的不断发展和社会制度的变革来推动。在社会主义初级阶段，公平的实现要与生产力发展水平相适应，既要注重结果公平，也要重视机会公平和过程公平。总之，马克思主义的公平理论旨在揭示社会不公平的根源，并为实现真正的、普遍的公平指明方向和道路。

二、罗尔斯的正义论

约翰·罗尔斯的《正义论》是现代政治哲学和道德哲学领域的重要著作。罗尔斯在《正义论》中提出了关于正义的两条原则：第一条原则是平等自由原则，即每个人都应享有平等的政治权利和自由，如言论自由、宗教信仰自由等。第二条原则包含差别原则和机会均等原则。机会均等原则主张社会和经济的不平等安排应使职位和地位在机会公平平等的条件下对所有人开放，即人们在追求社会职位和经济利益时应具有平等的机会。差别原则则认为，社会和经济的不平等只有在其结果能给社会中最少受惠的成员带来补偿利益时，才是正义的，也就是说利益分配应向处于不利地位的人们倾斜。罗尔斯通过"原初状态"和"无知之幕"的假设来推导这些原则。在原初状态中，人们处于无知之幕背后，不知道自己的社会地位、阶级出身、天生资质等具体情况，从而能够以一种客观、公正的态度来选择正义原则。罗尔斯的正义论对现代社会的制度设计、政策制定以及人们对公平正义的思考产生了深远的影响。它强调了社会公平和对弱势群体的关注，为探讨社会制度的公正性提供了重要的理论框架。

三、阿玛蒂亚·森的可行能力理论

阿玛蒂亚·森的可行能力理论是一种关注人类实质自由和发展的理论。该理论认为，判断一个人的福利和生活质量，不能仅仅依据其拥有的物质财富或资源，而应看其能够实现的各种有价值的"功能"，即一个人实际能够做到的事情和能够处于的状态。这些"功能"构成了个人的可行能力。可行能力包括基本的生存需求，如获得足够的食物、住所和医疗保健，也包括参与社会活动、接受教育、拥有政治权利等更高层次的需求。阿玛蒂亚·森强调，不同的人由于自身条件和所处环境的差异，即使拥有相同的资源，其可行能力也可能不同。比如，一个残疾人即使拥有与健全人相同的收入，但由于身体障碍，其可行能力可能受到限制。因此，政策的目标不应仅仅是分配资源，而更应致力于增强人们的可行能力，消除那些限制个人发展和自由的因素。可行能力理论为评估贫困、不平等、社会发展等问题提供了新的视角，强调了人的多样性和自由选择的重要性，促使政策制定更加注重人的实质自由和全面发展。

四、 功利主义理论

功利主义理论是一种道德和伦理学说，主要由杰里米·边沁和约翰·斯图亚特·密尔等哲学家发展和阐述。功利主义的核心观点是，行为的道德价值取决于其产生的结果或后果，即该行为是否能够为最大多数人带来最大的幸福或利益。这里的"幸福"或"利益"通常被理解为快乐、满足或偏好的满足。

具体来说，功利主义包含以下几个关键要点：一是后果主义。强调行为的道德正确性取决于其后果，而不是行为本身的性质或动机。二是最大幸福原则。追求能够为最大多数人带来最大总量的幸福。这意味着在评估一个行为时，需要考虑它对所有受影响的人的幸福产生的影响，并进行总和计算。三是关于幸福的衡量。虽然功利主义没有明确规定如何精确衡量幸福，但通常认为可以通过诸如快乐、痛苦的减轻、欲望的满足等方面来大致评估。

功利主义在社会政策、法律、经济等领域都有一定的应用和影响。然而，它也面临一些批评和挑战，比如难以精确衡量和比较不同人的幸福，可能忽视个人权利和正义的某些方面等。总的来说，功利主义为思考道德和社会决策提供了一种以结果为导向的方法，但在实际应用中需要谨慎权衡其优点和局限性。

五、新自由主义理论

所谓新自由主义理论是一种经济和政治思潮。在经济领域，新自由主义强调市场机制的作用，主张减少政府对经济的干预，认为市场能够通过价格机制和竞争机制实现资源的最优配置。具体包括以下几个要点：一是私有化。主张将国有企业和公共服务私有化，认为私人企业在经营效率和创新方面更具优势。二是自由化。推动贸易自由化、金融自由化和投资自由化，减少政府对贸易、金融和投资的管制。三是减少政府干预。认为政府应尽量减少对经济的直接干预，如减少税收、减少社会福利支出等，让市场自由运作。在政治领域，新自由主义倡导个人自由和权利，强调有限政府和法治原则。新自由主义理论在一定程度上促进了经济的增长和效率的提高，但也带来了一些问题，如贫富差距扩大、社会不公平加剧、经济不稳定等。在实践中，不同国家和地区对新自由主义的应用和效果存在差异。新自由主义理论主张自由市场和个人自由选择，认为市场机制能够在最大程度上保障机会公平，政府的过度干预可能会破坏公平竞争的环境。

六、新制度主义理论

新制度主义理论是在对传统制度分析批判的基础上产生的，在政治学、经济学、社会学等多个学科领域都有应用。新制度主义理论强调制度在塑造社会行为和结果方面的重要性。它认为制度不仅仅是约束和规范行为的框架，还能够塑造行为者的偏好、目标和策略。在政治学中，新制度主义关注政治制度如何影响政治行为、政策制定和政治结果。例如，政治体制的结构、选举制度、政党制度等都会对政治参与者的行为和决策产生影响。在经济学中，新制度经济学认为经济制度是影响经济绩效的关键因素。产权制度、交易成本、契约理论等是其研究的重点，强调通过合理的制度设计来降低交易成本，提高经济效率。

新制度主义理论的主要特点包括：一是重视制度的约束和激励作用，认为制度为行为者提供了规则和激励，引导他们做出特定的选择。二是强调历史和路径依赖，认为过去的制度选择会影响当前和未来的制度演变，制度的变迁具有一定的惯性和路径依赖。三是关注制度的多样性和复杂性，认为不同的制度安排会产生不同的结果，而且制度之间相互作用，形成复杂的制度体系。总之，新制度主义理论为理解社会、政治和经济现象提供了一个重要的分析视角，有助于深入探讨制度与行为、制度与绩效之间的关系。

第三节　完善促进机会公平制度机制，畅通社会流动渠道

一、完善促进机会公平制度机制与畅通社会流动渠道的逻辑关系

所谓社会流动是指社会成员在不同社会阶层、职业、地区之间的流动与变迁。畅通的社会流动渠道意味着个体能够根据自身能力、努力和社会需求等因素自由选择职业、居住地等，实现社会地位的提升或下降。

完善促进机会公平制度机制与畅通社会流动渠道之间存在着紧密的逻辑关系。

一是两者相互促进。完善的机会公平制度机制为畅通社会流动渠道提供了基础保障。通过消除制度性障碍和歧视性政策，确保每个社会成员都能平等地参与竞争和享受发展成果，从而推动社会流动的顺畅进行。而畅通的社会流动渠道又进一步促进了机会公平的实现。当个体能够根据自身条件自由选择职业、居住地等时，社会的整体机会结构将更加公平合理，减少了因出身、地域等因素造成的不平等现象。

二是目标一致。两者都致力于实现社会公平正义和人的全面发展。完善促进机会公平制度机制和畅通社会流动渠道都是推动社会进步与发展的重要手段，旨在构建一个更加公正、合理、开放、包容的社会环境。比如在教育领域，通过实施教育公平政策（如提高农村和贫困地区的教育投入、推广优质教育资源共享等），可以缩小城乡、区域、校际之间的教育差距，为更多学生提供平等的教育机会和上升通道。比如在就业领域，通过完善就业支持体系、优化创业环境、加强职业技能培训等措施，可以促进劳动

力市场的自由流动和高效配置，为劳动者提供更多的就业机会和发展空间。

二、社会流动渠道受阻的表现形式

一是教育资源分配不均。优质教育资源集中在少数地区和学校，贫困地区和农村地区的教育条件相对落后，导致学生在接受教育的起点上就存在不公平，影响后续的升学和职业发展。

二是就业歧视。其中包括性别歧视、年龄歧视、户籍歧视、学历歧视等，使得一些具备能力但不符合特定条件的人难以获得公平的就业机会。

三是阶层固化。不同社会阶层之间的流动困难，出身于较低阶层的人难以通过自身努力进入较高阶层，而较高阶层的优势能够代际传递。

四是行业垄断。某些行业被少数企业或集团垄断，限制了新的竞争者进入，也限制了人才在不同行业之间的流动。

五是户籍制度限制。目前与户籍相关的福利和公共服务差异，使得外来人口在城市中面临诸多限制，如子女教育、购房、医疗等方面，影响了人口的自由流动和社会地位的改变。

六是社会关系网络的影响。在一些情况下，个人的社会关系和背景而非能力成为获得机会的关键因素，导致没有关系背景的人难以获得晋升或发展的机会。

七是经济发展不平衡。地区之间经济发展水平差距较大，使得人才往往向发达地区聚集，而欠发达地区难以吸引和留住人才，造成区域间的社会流动不平衡。

八是职业培训机会不均等。部分群体难以获得有效的职业培训，导致其职业技能提升受限，难以适应新的职业需求和市场变化。

九是创业环境不佳。过高的创业门槛、复杂的审批流程、融资困难等问题，阻碍了有创业意愿和能力的人通过创业实现社会阶层的上升。

三、进一步完善促进机会公平制度机制

完善促进机会公平制度机制，畅通社会流动渠道，是当前社会发展的重要任务之一。这一举措旨在确保每个人都能够享有平等的发展机会，通过自身努力实现社会价值，对于构建公平正义的社会环境、激发社会活力和促进社会发展具有重要意义。

一要增进教育公平。均衡教育资源配置，加大对教育薄弱地区和群体的投入，确保不同地区、不同家庭背景的学生都能享受到优质教育资源。推进教育改革，减少应试教育的压力，注重培养学生的综合素质和创新能力，为每个人提供多元化的发展机会。完善贫困学生资助政策，确保经济困难家庭的学生不会因贫困而失去受教育的机会。

二要增进就业公平。彻底消除就业歧视，制定并严格执行反就业歧视法律法规，禁止基于性别、户籍、种族等因素的不公平对待。加强就业服务和指导，为求职者提供公平的就业信息和职业培训，提高其就业能力。鼓励创新创业，为创业者提供平等的政策支持和资源保障。

三要增进社会保障公平。扩大社会保障覆盖范围，将更多的灵活就业人员、新业态从业者纳入保障体系。缩小社会保障待遇差距，逐步实现不同地区、不同行业之间的保障水平相对均衡。

四要促进基本公共服务均等化。推动医疗卫生、文化体育等基本公共服务均等化，让全体公民都能享受到基本相同水平的公共服务。加强基础设施建设，特别是在农村和贫困地区，改善交通、通信等条件，缩小城乡和区域差距。

五要深化户籍制度改革。进一步放宽户籍限制，打破城乡二元结构，促进人口自由流动。保障外来人口在就业、教育、医疗、住房等方面享有与本地居民同等的权利。

六要改进税收和转移支付制度。通过合理的税收政策调节收入分配，

减少贫富差距。完善转移支付制度，加大对贫困地区和弱势群体的财政支持。

七要强化法律保障。建立健全维护机会公平的法律法规体系，加强执法监督，确保法律的有效实施。

八要加强社会监督和舆论引导。充分发挥媒体和公众的监督作用，曝光不公平现象，促进问题的解决。加强宣传教育，营造公平正义的社会氛围，引导人们树立正确的公平观。

总而言之，完善促进机会公平制度机制和畅通社会流动渠道作为一项系统工程，需要政府、社会和个人共同努力，通过综合施策，逐步建立一个更加公平、开放、包容的社会环境，让每个人都能通过自身的努力更好地实现梦想和价值。

本章参考文献：

［1］张艳红，李戈．习近平法治思想中的公平正义观探析．北京交通大学学报（社会科学版）[J]，2024（3）

［2］王伟同，徐溶鋆，张妍彦．机会公平环境的微观收入效应——来自人口迁移行为的证据．经济研究 [J]，2024（3）．

［3］杨志安，付正淦．中国式财政现代化规范财富积累机制研究——基于机会、过程与结果公平视角．经济社会体制比较 [J]，2024（2）．

［4］周芷宁，杨志康，秦伟杰．数字经济对税收公平的影响研究．时代经贸 [J]，2024（7）．

［5］陈培永，杨慧聪．机会公平与机会平等的政治哲学阐释．江苏社会科学 [J]，2024（3）．

［6］刘明伟．中国民众对共同富裕的感知——以社会公平感为例．武汉科技大学学报（社会科学版）[J]，2024（4）．

［7］王子朦．高质量发展阶段高等教育机会公平的困境与突破．黑龙江高教研究 [J]，2024（8）．

［8］李博．机会平等二重性的公平取向与关系检视：基于斯坎伦对罗尔斯的发展．政治哲学研究 [J]，2024（1）．

第十二章　完善劳动关系协商协调机制

2024 年 5 月 27 日下午，习近平总书记在中央政治局就促进高质量充分就业进行第十四次集体学习时强调，要加强劳动者权益保障。健全劳动法律法规，规范新就业形态劳动基准，完善社会保障体系，维护劳动者合法权益。加强灵活就业和新就业形态劳动者权益保障，扩大职业伤害保障试点，及时总结经验、形成制度。加强市场监管和劳动保障监察执法，有效治理就业歧视、欠薪欠保、违法裁员等乱象。党的二十届三中全会进一步要求："完善劳动关系协商协调机制，加强劳动者权益保障。"完善劳动关系协商协调机制是加强劳动者权益保障的重要方面和举措，而加强劳动者权益保障则是完善劳动关系协商协调机制的目的和归宿。

第一节　准确把握劳动关系

一、什么是劳动关系

劳动关系全称是劳动合同关系，是指用人单位与劳动者之间，依法所确立的劳动过程中的权利义务关系。具体来说，劳动关系包含以下几个核心要素：

1. 关系性质

劳动关系是用人单位招用劳动者为其成员，劳动者在用人单位的管理下提供有报酬的劳动而产生的权利义务关系。它本质上是一种合同关系，但与其他合同关系的主要不同之处在于，当事人之间的权利义务更多地受到劳动法和劳动合同法等相关规定的直接约束。劳动关系具有法律性、社会性和经济性等多重性质。它不仅是劳动者与用人单位之间的法律关系，也是社会经济活动中的重要组成部分，对于维护社会稳定和促进经济发展具有重要意义。

2. 主体资格

所谓用人单位具体是指中华人民共和国境内的企业、个体经济组织、民办非企业单位等组织，以及国家机关、事业单位、社会团体等。这些单位必须具备合法的用工主体资格，才能与劳动者建立劳动关系。所谓劳动者是指达到法定年龄，具有劳动能力，以从事某种社会劳动获得收入为主要生活来源的自然人。劳动者在劳动关系中处于被管理、被支配的地位，其劳动行为受到用人单位的指导和监督。

3. 基本特征

所谓主体资格合法性，即用人单位和劳动者必须符合法律、法规规定的主体资格。从属性是指劳动者在劳动关系中处于从属地位，必须遵守用人单位的规章制度，服从用人单位的管理和指挥。有组织性是指劳动者提供的劳动是用人单位业务的组成部分，劳动者成为用人单位组织中的一员。有偿性是指劳动者通过提供劳动获得劳动报酬，这是劳动关系存在的基础。

4. 法律保障

为了充分保护劳动者的合法权益，我国制定了《中华人民共和国劳动法》《中华人民共和国劳动合同法》等一系列法律法规，对劳动关系的建立、履行、变更和终止等方面进行了详细规定。这些法律法规为劳动者提供了法律保障，同时也规范了用人单位的用工行为。

5. 建立与终止

建立劳动关系应当订立书面劳动合同。已建立劳动关系但未订立书面劳动合同的，应当自用工之日起一个月内订立。劳动关系的终止可以基于多种原因，如劳动合同期满、劳动者退休、用人单位解散等。在终止劳动关系时，双方应当按照法律法规的规定办理相关手续并承担相应的法律责任。

综上所述，劳动关系是用人单位与劳动者之间依法确立的权利义务关系，具有法律性、社会性和经济性等多重性质。在劳动关系中，用人单位和劳动者应当遵守法律法规的规定，履行各自的义务并享有相应的权利。

二、劳动者在劳动关系中扮演的角色

没有劳动者就没有劳动关系。因此，劳动者在劳动关系中扮演着至关重要的角色，他们是劳动关系的核心组成部分。具体来说，劳动者在劳动关系中主要扮演以下几个角色：

一是作为劳动力的提供者。劳动者是劳动力的直接提供者，他们通过自身的体力或脑力劳动，为用人单位创造经济价值和社会价值。在劳动关系中，劳动者是生产过程中的关键因素，他们的劳动成果是用人单位实现经营目标和利润增长的基础。

二是作为劳动关系的主体。劳动者是劳动关系的主体之一，与用人单位共同构成了劳动关系的核心。在劳动关系中，劳动者与用人单位通过签订劳动合同等方式，明确双方的权利和义务，建立起一种稳定的、长期的合作关系。这种合作关系不仅有利于保障劳动者的合法权益，也有利于用人单位的稳定发展和经营效益的提升。

三是作为权益的享有者。劳动者在劳动关系中享有广泛的权益，包括但不限于劳动报酬权、休息休假权、社会保险权、劳动安全卫生权等。这些权益是劳动者在劳动过程中应得的利益，也是用人单位必须履行的义务。

通过享有这些权益，劳动者能够保障自身的基本生活和发展需求，提高生活质量和社会地位。

四是作为遵守规章制度者。在劳动关系中，劳动者需要遵守用人单位的规章制度和劳动纪律。这些规章制度和劳动纪律是用人单位为了维护生产秩序和经营效益而制定的，对于保障劳动者的劳动权益和用人单位的合法权益具有重要意义。劳动者应当自觉遵守这些规章制度和劳动纪律，保持良好的工作态度和职业操守。

五是作为参与民主管理者。在一些企业中，劳动者还可以通过职工代表大会等形式参与企业的民主管理。他们有权对企业的经营决策、管理制度等方面提出意见和建议，参与制定和修改企业的规章制度和劳动合同。这种参与民主管理的权利有助于增强劳动者的主人翁意识，促进企业与劳动者之间的和谐关系。

综上所述，劳动者在劳动关系中扮演着劳动力的提供者、劳动关系的主体、权益的享有者、遵守规章制度者以及参与民主管理者等多重角色。这些角色共同构成了劳动者在劳动关系中的完整形象，也体现了劳动者在社会发展中的重要地位和作用。

三、研究劳动关系的主要理论

研究劳动关系的主要理论随着产业结构和社会背景的不断变化而发展，涵盖了多个学科领域，如经济学、社会学等。

（一）研究劳动关系主要理论概述

1. 马克思的资本论

劳动关系理论的研究起点可以追溯到 19 世纪，当时机械化工业大生产迅猛发展，工人阶级形成，工会力量不断增长。早期的研究主要聚焦于工会和集体谈判，探讨工会的性质、组织以及集体谈判的目的和功能。马克思在这一时期对劳动关系的研究影响深远，他强调了工人阶级的联合和斗争对于维护工资水平和生产条件的重要性。在《资本论》中，马克思对劳动关系进行了深入的分析和批判。马克思认为，在资本主义生产方式下，资本和劳动的关系是生产方式的主体关系。从资本运动过程的角度看，资本和劳动关系首先发生在流通领域，此时二者作为交换的主体，关系是平等的，进行的是等价的价值交换，没有一方凌驾于另一方之上。然而，在生产领域中，这种平等关系发生了转变。马克思指出资本对劳动存在形式上的统治和实际上的统治。

所谓形式上的统治，即在资本主义生产方式下，劳动对资本的从属性凸显。劳动者为了生存，不得不向劳动条件的占有者出卖劳动力，从而使劳动在形式上从属于资本，为资本所统治。当资本对劳动的统治只是形式上时，资本的生产方式尚未展现出明显进步，但对剩余价值的贪婪使其加强了对劳动者的剥削。所谓实际上的统治，即在特殊的资本主义生产方式下，资本推动生产力发展的能力全面展现，发展为对劳动实际上的统治。其特殊性体现在生产方式的革命性变化上，一方面劳动形式在协作分工上发生变化，劳动不再是独立的，而是协作分工的社会化劳动，劳动者在与资本的关系中更加被动；另一方面劳动形式在物的条件上也发生了革命性变化，劳动资料由大规模运用科学的机器取代了简单手工工具，复杂劳动被最大程度还原为简单劳动，独立形式的劳动变得多余。马克思认为资本主义生产方式不可持续，终将灭亡，届时资本将失去统治劳动的基础。

总的来说，马克思通过对资本和劳动关系的剖析，揭示了资本主义制度的内在矛盾和不平等性，为理解劳动关系的本质以及社会发展的趋势提供了重要的理论基础。同时，他也指出了劳动者在资本主义制度下所受到的剥削和压迫，为追求更加公平、合理的社会制度提供了理论依据。

2. 工会和集体谈判理论

约翰·康芒斯认为工会并不会带来暴政和垄断，而是会帮助在产业中建立宪政的一种自由力量。他强调了劳动关系构成主体一方和其他主体的力量对比。

塞林格·伯尔曼认为工会主要关注工人的工作利益和在工会成员之间分享工作机会的信息，工人成立工会来抵御工作机会不足的风险。

亚瑟·罗斯提出工会工资政策政治理论，认为工会内部的政治斗争对工资政策有重要影响。

3. 经济学偏向的理论

约翰·邓洛普在《工会背景下的工资决定》中，尝试将经济学中的公司理论引入工会研究，认为工会作为经济机构总是试图使工资最大化或成员利益最大化。

4. 系统理论

约翰·邓洛普的《劳动关系系统》标志着劳动关系系统理论的成熟。他认为劳动关系是一门独立的学科，研究规则的制定和管理。

K·F.沃克对邓洛普的理论进行了修正，使劳动关系形成了一个更为整合的理论体系。

（二）现代劳动关系理论的基本特征

随着全球社会经济的发展和劳动关系的复杂化，现代劳动关系理论更加关注多方面的因素，包括经济、社会、法律、管理等。以下是一些现代劳动关系理论的主要特点：

一是强调经济关系。劳动关系首先是一种经济关系，劳动者通过提供劳动获得报酬，而用人单位通过支付报酬获得劳动者的劳动。

二是强调社会关系。劳动关系涉及社会成员之间的相互依赖和权利义务，不仅仅是简单的买卖关系。

三是强调法律关系。劳动关系受到劳动法律的规范，劳动法律调整着劳动者和用人单位之间的权利和义务。

四是强调契约关系。劳动关系是基于劳动合同建立的，双方在平等自愿的基础上签订劳动合同，约定双方的权利和义务。

五是强调管理关系。用人单位对劳动者有一定的管理职责，如安排工作任务、提供工作条件、进行劳动考核等。

第二节　新时代劳动关系协商协调机制建设顺利发展

一、什么是劳动关系协商协调机制

劳动关系协商协调机制，也被称为协调劳动关系三方机制或三方协商制度，是市场经济国家依照国际劳工组织倡导的三方性原则建立的一种重要制度。这一机制旨在通过政府（通常以劳动部门为代表）、雇主（以雇主组织为代表）和工人（通常以工会为代表）三方之间的协商与合作，根据一定的议事规则，共同处理劳动关系中的重大问题，以促进劳动关系的和谐稳定与社会的持续发展。因此劳动关系协商协调机制是国家、企业、职工三方有组织、有目的的行为，是三方通过地位对等的协商以及其他各种合作手段和形式实现目标的行为，是为了促进三方的相互了解和建立良好的关系，从而促进经济发展、改善劳动条件、提高生活水平。

这种三方协商机制发端于19世纪末，至20世纪20年代初步形成为一种制度。国际劳工组织确立并首倡和积极推行这一制度，已作为一个处理劳资事务的原则被各国所接受。我国于1990年批准了国际劳工组织第155号公约，即《三方协商促进履行国际劳动标准公约》。2001年，我国修改的《中华人民共和国工会法》首次在法律中明确规定建立劳动关系三方协商机制。我国自2001年建立国家级协调劳动关系三方机制以来，各省、自治区、直辖市和中心城市也相应建立了三方机制。这一机制在维护劳动关系双方的利益、促进劳动关系的和谐稳定、推动经济健康发展等方面发挥了积极作用。

目前劳动关系协商协调的主要内容包括：涉及劳动关系的重大问题，如劳动立法、经济与社会政策的制定、就业与劳动条件、工资水平、劳动标准、职业培训、社会保障、职业安全与卫生、劳动争议处理以及对产业行为的规范与防范等。其作用是在劳动法律、法规和政策的制定过程以及实施过程中发挥作用，形成解决问题的原则意见和法律、政策主张，为立法和政策制定提供参考。一方面，已经成为劳资双方谈判签订集体合同的重要依据，以及解决劳资矛盾的有效手段。另一方面，也是市场经济国家长期以来处理劳动关系的基本格局和制度，对于协调劳动关系、促进社会稳定具有重要意义。

二、新时代劳动关系协商协调机制建设取得的巨大进展

新时代中国劳动关系协商协调机制建设取得的巨大进展主要体现在以下几个方面：

一是制度层面的完善。在法律法规健全的方面，随着劳动关系的复杂化，我国不断完善相关法律法规，如《中华人民共和国劳动法》《中华人民共和国劳动合同法》等，为劳动关系协商协调提供了法律基础。特别是2021年，对《中华人民共和国工会法》等法律进行了修订，进一步明确了工会在劳动关系协商协调中的职责和作用。在专项法律推进的方面，有委员提议就集体协商在国家层面立法，以明确集体协商的法定性和强制性，提升协商的质效和覆盖面。这一提议反映了立法层面对劳动关系协商协调机制的高度重视。

二是机制建设的加强。国家协调劳动关系三方机制自2001年建立以来，各级协调劳动关系三方机制相继建立并有效运转，形成了政府、工会、企业共同参与协商协调的良好局面。各级党委和政府高度重视劳动关系协商协调机制建设，将其纳入经济社会发展规划和政府目标责任考核体系，推动机制建设不断深化。目前集体协商作为协调劳动关系的重要手段，

在全国范围内得到广泛推广。各地结合实际情况，探索出多种行之有效的集体协商模式，如行业性、区域性集体协商等。特别是在新就业形态领域，如外卖、快递、网约车等行业，推动平台企业建立协商机制、签订集体合同，有效维护了新就业形态劳动者的合法权益。

三是实践经验的积累。如浙江台州温岭羊毛衫行业集体协商的成功案例，不仅在当地多个行业得到推广，还为全国其他地区提供了可借鉴的经验。通过这些成功案例的示范效应，促进了全国范围内劳动关系协商协调机制的优化和创新。总之，基层工会在推动劳动关系协商协调机制建设中发挥了重要作用。他们结合企业实际和职工需求，开展形式多样的协商活动，提高了协商的针对性和实效性。

四是社会认同度的提升。随着劳动关系协商协调机制的深入推广和实践，越来越多的企业和职工认识到其重要性。企业开始主动寻求与职工的合作与协商，共同解决劳动关系中的问题。职工也更加注重自身的权益保护，积极参与协商过程，表达自己的诉求和意见。现在劳动关系协商协调机制的建设得到了社会各界的广泛关注和支持。媒体积极报道相关案例和经验做法，营造了良好的社会氛围。

综上所述，新时代我国劳动关系协商协调机制建设在制度层面、机制建设、实践经验和社会认同度等方面均取得了巨大进展。这些进展为构建和谐劳动关系、维护劳动者合法权益、促进企业健康发展提供了有力保障。

三、新时代劳动关系协商协调机制建设典型案例

新时代劳动关系协商协调机制建设的典型案例丰富多样，这些案例不仅体现了我国劳动关系协商协调机制的逐步完善，也展示了不同行业、不同企业在面对劳动关系问题时所采取的创新举措。以下是一些具有代表性的典型案例：

1.京东集团集体协商案例

京东集团作为平台企业的典型代表，面临着产业多元、地域广泛、规模庞大、层级较多、结构复杂等挑战。为有效维护新就业形态劳动者的权益，京东集团在北京市协调劳动关系三方指导下，率先在平台企业中建立了全国性、跨区域的集体协商及职工代表大会制度。集团工会在全国范围选派职工方协商代表，包含了快递员、仓储分拣员、货运司机等一线职工，保障了代表性与参与面。同时，开发网上投票系统，以各业务单位划定选区，解决了职代会代表产生的问题。聚焦职工关切，协商议题瞄准职工"急难愁盼"，除普遍关心的工资待遇外，还将司龄奖励、救助基金、安居计划、健身房等多项"暖心"福利写入集体合同。特别关注新就业形态劳动者，为配送快递员、货车司机等提供婚育礼金、亲属身故补充抚恤金等福利；除社会保险和住房公积金外，更是为这些职工提供补充意外伤害保险和劳动安全装备。目前集体合同覆盖快递员、仓储分拣员、货运司机近26万人，有效维护了新就业形态劳动者的权益，促进了企业的和谐稳定发展。

2.常州强力先端电子材料有限公司职工技术创新集体协商案例

常州强力先端电子材料有限公司是全球高端光刻胶材料领域的知名企业，职工中专业技术人员和生产操作人员占大多数。在新发展阶段，职工的创新主体作用得到凸显。公司工会就技术创新专项集体协商深入进行可行性分析论证，并且对开展此项工作进行了广泛宣传、动员。首次协商重点对利润分配方式进行了磋商，双方围绕职工对现有产品生产工艺或工程改进带来的利润增长和创新型项目激励的分配比例和分配方式进行充分沟通。最终，《职工技术创新专项集体合同》明确对一线技术工人技术创新的奖励措施，公司设立了五种类型奖项和奖励。目前职工技术创新专项集体合同实施当年，即有13个项目获得奖金近30万元，受益员工达到50人。企业负责人在合同签订后主动提高奖励比例，职工创新积极性显著提高，实现了企业发展与职工受益的双赢格局。

3.上海众材疫情期间集体协商案例

面对疫情带来的冲击，上海众材公司面临生产经营困难，职工到岗率大幅下降。公司工会提议通过集体协商、职代会动员企业方和全体职工商量解决困境。建立职代会微信群，推选出职工方和行政方代表进行在线协商。第一轮协商重点聚焦在稳岗位、保就业，双方达成一致意见，公司承诺不轻易裁减受疫情影响的员工。第二轮协商中，双方就居家隔离职工的工资待遇、居家办公和到岗职工的绩效奖金等问题进行深入协商，并达成一致意见。结果集体协商确定的方案全票通过，有效凝聚了公司和职工共渡难关的决心，保障了职工的合法权益，稳定了企业的生产经营。

第三节 完善劳动关系协商协调机制，加强劳动者权益保障

一、两者之间的逻辑关系

完善劳动关系协商协调机制与加强劳动者权益保障之间存在着密切的逻辑关系。完善劳动关系协商协调机制是加强劳动者权益保障的重要方面和举措，而加强劳动者权益保障则是完善劳动关系协商协调机制的目的和归宿。两者相辅相成，共同促进劳动关系的和谐稳定。从理论上讲：

一是表现为重要方面和举措。劳动关系协商协调机制是处理劳动关系矛盾、维护劳动者权益的重要机制。通过完善这一机制，可以确保劳动关系双方（即用人单位和劳动者）在平等、协商的基础上解决争议和问题，为劳动者权益的保障提供制度保障。完善的协商协调机制能够促使劳动关系双方通过对话、协商等方式达成共识，减少冲突和对抗，为劳动者权益的保障奠定坚实的基础。

二是体现为目的与归宿关系。加强劳动者权益保障是劳动关系调整的最终目的。通过完善协商协调机制，可以更有效地保护劳动者的合法权益，如劳动报酬、工作时间、休息休假、劳动安全卫生等。加强劳动者权益保障不仅是对劳动者个体权益的尊重和保护，也是构建和谐劳动关系、维护社会稳定的重要体现。完善的协商协调机制能够确保这一目标的顺利实现。

三是体现为相互促进关系。在完善的协商协调机制下，劳动关系双方能够就劳动者权益问题进行充分的沟通和协商，从而达成共识并制定出更加合理、公平的权益保障措施。与此同时，加强劳动者权益保障也能够促进劳动关系双方之间的信任和合作，为协商协调机制的进一步完善提供动力和支持。

在具体实践中，这种逻辑关系也体现在多个方面。一是关于立法和政策制定，政府通过制定和完善相关劳动法律法规和政策措施，为劳动关系协商协调机制的完善提供法律和政策支持。二是关于行业或企业决策，在行业或企业内部，通过建立健全的协商协调机制，如集体协商、职代会等制度，确保劳动者在决策过程中的参与权和话语权，从而保障其权益。三是关于争议处理，在劳动争议处理过程中，通过协商、调解、仲裁等方式解决争议和问题，既维护了劳动者的合法权益又促进了劳动关系的和谐稳定。

综上所述，完善劳动关系协商协调机制与加强劳动者权益保障之间存在着密切的逻辑关系。这种关系体现在多个方面并相互促进共同为构建和谐劳动关系、维护社会稳定提供有力保障。

二、劳动关系协商协调机制评估

评估劳动关系协商协调机制的效果是一个综合性的过程，需要从多个维度进行考量。以下是一些主要的评估方法和指标：

1. 评估维度

所谓解决率，即通过协商协调机制成功解决劳动纠纷或争议的比例。这个可以统计一段时间内提交到协商协调机制的案件数量，以及最终成功解决的案件数量，计算解决率。高解决率表明机制有效，能够及时处理并解决劳动关系中的问题。反之则反然。

所谓调解满意度，劳动关系双方对协商协调结果的满意程度。我们可以通过问卷调查、访谈等方式收集双方对协商协调结果的反馈，计算满意度评分或比例。高满意度表明机制能够公平、合理地处理争议，满足双方的需求和期望。反之则反然。

所谓调解时效，即从争议提交到协商协调机制到最终解决所需的时间。通过记录每个案件的处理时间，并计算平均处理时间或处理时间的分布情况。短时效表明机制高效运作，能够迅速解决争议，减少争议对劳动关系和企业运营的影响。反之则反然。

所谓争议后续处理，即协商协调后，若发生再争议时的处理方式和效果。可以跟踪记录协商协调后一段时间内再争议的发生情况，评估再争议的处理效率和结果。有效的后续处理能够减少再争议的发生，维护劳动关系的稳定性。反之则反然。

所谓参与度和包容性，即劳动关系双方特别是劳动者在协商协调过程中的参与程度和机制的包容性。通过观察协商协调会议的参与度，收集双方对机制包容性的反馈。高参与度和包容性能够确保机制公正、透明，更好地反映双方的需求和利益。反之则反然。

所谓对劳动关系和谐度的影响，即协商协调机制对提升劳动关系和谐程度的贡献。我们可以通过员工满意度调查、劳资关系指标评估（如员工流动率、工伤事故率等）来评估机制的效果。和谐的劳动关系有助于提升员工的工作积极性和企业的运营效率。反之则反然。

2.评估步骤

一要确定评估指标。根据上述维度确定具体的评估指标和评估方法。二要收集数据和信息。通过问卷调查、访谈、数据统计等方式收集相关数据和信息。三要分析数据和结果。对收集到的数据和信息进行分析和处理，计算各项指标的具体数值和分布情况。四要撰写评估报告。根据分析结果撰写评估报告，总结机制的效果和存在的问题。五要提出改进建议。针对评估结果中发现的问题和不足提出具体的改进建议，以进一步完善劳动关系协商协调机制。

综上所述，评估劳动关系协商协调机制的效果需要从多个维度进行考量，并结合具体的评估指标和评估方法来进行。通过评估可以及时发现机制中存在的问题和不足并提出改进建议，以进一步提升机制的效果和作用。

三、行动方案

为进一步完善劳动关系协商协调机制，加强劳动者权益保障，我们必须行动起来，努力工作。

一要健全法律法规体系。制定基本劳动标准法，明确劳动者在工作时间、休息休假、工资、职业安全卫生等方面的基本权利，为灵活就业和新就业形态劳动者提供坚实的法律保障。加强与现有法律法规的衔接，确保基本劳动标准法与其他劳动法律法规的协调统一。修订和完善《中华人民共和国劳动法》《中华人民共和国劳动合同法》等相关法律法规，明确新就业形态劳动者的法律地位，规范平台企业的用工行为。制定或修订与新就业形态劳动者权益保障相关的配套规章和规范性文件，如职业伤害保障、社会保险等。

二要强化协商协调机制。建立多层次协商体系，建立健全由政府、工会、企业代表组织等多方参与的协商协调机制，定期就劳动关系中的重大问题进行协商和沟通。推动企业在内部建立劳动争议协商调解组织，及时化解劳动纠纷。推广集体协商制度，鼓励和支持劳动者通过集体协商方式维护自身权益，特别是在工资、工时、劳动条件等方面。加强对集体协商的指导和服务，提高集体协商的实效性和针对性。

三要加强监管和执法力度。建立健全对新就业形态劳动者权益保障的监管机制，加强对平台企业的日常监管和专项检查。利用大数据、云计算等现代信息技术手段，提高监管效率和精准度。加大对违法用工行为的查处力度，依法严惩侵害劳动者权益的行为。建立健全劳动者权益保护投诉举报制度，畅通投诉举报渠道，及时受理和处理投诉举报案件。

四要提升劳动者权益保障水平。完善社会保障体系，推动新就业形态劳动者纳入社会保障体系，确保他们享有基本的社会保险待遇。积极探索建立适应新就业形态劳动者的职业伤害保障制度，减轻其职业风险。加大对新就业形态劳动者的职业培训和技能提升支持力度，提高其就业竞争力和职业发展空间。推动建立政府、企业、社会共同参与的职业培训体系，实现资源共享和优势互补。建立和完善新就业形态劳动者服务平台，提供政策咨询、法律援助、技能培训等一站式服务。加强与其他社会组织和机构的合作，共同推动新就业形态劳动者权益保障工作。

五要加强宣传和教育。通过加大对劳动法律法规的宣传力度，提高劳动者和企业的法治意识。通过各种渠道和形式普及劳动法律知识，增强劳动者的自我保护能力。加强对新就业形态劳动者的社会关爱和尊重，营造和谐稳定的劳动关系氛围。鼓励和支持社会各界积极参与新就业形态劳动者权益保障工作，形成全社会共同关注和支持的良好局面。

综上所述，完善劳动关系协商协调机制、加强劳动者权益保障需要从法律法规、协商协调机制、监管执法、社会保障、职业培训以及宣传教育等多个方面入手，形成全方位、多层次的保障体系。

本章参考文献：

［1］徐春华，曾繁毅 . 人工智能、劳资关系与劳动收入份额 . 当代经济科学 [J]，
　　2024（4）.

［2］梁栋 . 平台经济下劳动力市场议价失衡的法治应对——集体劳动权的桎梏
　　冲破与适用扩张 . 北京理工大学学报（社会科学版）[J]，2024（4）.

［3］颖鑫 . 就业歧视何以屡禁不止 . 中国就业 [J]，2024（7）.

［4］杨帆，平台灵活从业者社会保险权益保障的理论选择与现实路径 . 北京工
　　业职业技术学院学报 [J]，2024（3）.

［5］王宝珠，葛丰收 . 数字经济时代构建和谐劳动关系探赜 . 上海经济研究 [J]，
　　2024（7）.

［6］战东升 . 劳动者兼职自由的保护与合理限制 . 法商研究 [J]，2024（4）.

［7］侯海军，曾华林 . 特殊劳动权的保护：基于不完全劳动关系视域 . 深圳社
　　会科学 [J]，2024（4）.

［8］陈纬棠 . 新业态背景下外卖骑手养老保障的问题与对策 . 就业与保障 [J]，
　　2024（6）.